KB051909

리테일
마케팅
4.0

더 오래 더 많이 팔리는 마케팅 실전 가이드

리테일 마케팅 4.0

이문철·양정원 지음

21세기북스

리테일 마케팅의
새로운 장을 기대한다

시작은 몇몇 임원들과 맥주 한잔하는 자리였다. 우리는 삼성이라는 대기업에서 20년 넘게 근무했고, 또 해외 영업 마케팅 분야에서 경력을 쌓은 사람들이다. 십수 년 전만 해도 선진국 매장의 구석에서 먼지를 뒤집어쓴 채 외면받던 삼성이라는 브랜드가 모두가 가지고 싶어 하는 브랜드로 변신하는 과정에 참여해 변화를 만들어왔다는 것은 물론 북미 최대의 유통망인 베스트바이Best Buy에서 각각 휴대폰과 TV의 브랜드 공간인 SWAS(Shop Within A Shop, 전용판매코너)를 실행했다는 것도 우리의 공통점이다. 이 프로젝트를 수행하면서 우리에게는 '리테일retail 전문가'라는 꼬리표가 달렸다.

1,000평에 육박하는 베스트바이 안에서 삼성이라는 브랜드를 붙인 유일한 공간이 휴대폰과 TV 매장인지라, 그 둘은 서로 다른 카테고리의 제품임에도 사내에서 비교당하기 다반사였다. 자연스럽게 서로의 매장 변화에 관심을 기울이고 판매실적에 신경을 곤두세웠던 당시에는 우리가 이렇게 '리테일'이라는 공동 관심사로 독자에게 다가가게 될 것이라고는 상상도 못했다.

리테일에 대한 이야기를 나누던 중, 우리의 이야기는 시중에 리테일 관련서가 거의 없는 것에 대한 아쉬움으로 흘러갔다. 수십 권이 넘는 마케팅 관련서들은 전략적인 개념을 잘 정리해서 생각의 틀을 확장하는 데 큰 도움을 주고 있는 것이 사실이지만, '그렇다면 성공적인 리테일 마케팅을 위해 지금 해야 할 것은 무엇인가?'라는 현실적인 질문에 답을 제시하는 책은 의외로 거의 없었던 탓이다.

이 책의 토대는 '대기업 출신의 마케터들에게 독자는 어떤 것을 바랄까?'라는 단순한 질문부터 시작해서 '새로 팀에 합류한 신입 인력에게 우리는 무슨 이야기부터 꺼내야 할까?'를 생각하며 만들어졌다. 리테일이 가진 현장성을 바탕으로 당장 무엇부터 해야 할 것인지, 즉 '행동'을 일으키는 책이 되기를 바라는 마음으로 끊임없이 생각을 나누며 원고의 집필과 수정을 반복했다.

하지만 비단 삼성에서의 경험만으로 책의 내용을 한정하지는 않았다. 우리는 독자들이 어떤 분야에서도 응용할 수 있는 내용으로 이 책을 채우고자 다른 업계의 사례도 많이 소개했다. 지금은 사업의 경계가 허물어지고 확장되어 변화의 속도가 역사상 어느 때보다 빨라진 시대고, 이렇게 파괴적인 혁신은 물건을 소비하고 경험하는 삶을 유례없이 빠른 속도로 변화시키고 있다. 내부 역량만으로 온전한 혁신을 이루기란 너무나 어려운 현실이 된 것이다. 이런 시대에 사고를 확장하고 융합하는 능력은 마케터가 최우선으로 갖춰야 할 덕목이다. 모쪼록 독자 여러분이 이 책에 실린, 삼성은 물론 다른 분야의 성공 사례에서 얻은 아이디어를 연결하고 확장하여 더 새로운 시도를 이끌 수 있기를 기대한다.

차례

PART 02

소비자의 마음을 사로잡는 리테일 마케팅

PART 03

리테일 임파워먼트의 스킬_성공적인 판매를 위한 전략

RETAIL MARKETING 4.0

뉴 트렌드에서의
리테일 마케팅

01
바뀌는 소비자를 파악하라
_뉴 트렌드의 변화

지금은 장기 불황으로 인한 저성장으로 가계와 개인의 소비 형태가 빠르게 변할 뿐 아니라, 저출산과 고령화 추세 또한 그 속도가 빨라지고 있는 시대다. 이런 와중에도 시장의 변화를 조기에 감지하고 신사업 영역을 발견한 기업들은 새로운 성장 동력을 확보하고 있다. 시장의 변화를 조기에 알아채기 위한 기업의 노력과 함께 소비자의 참여를 높이기 위한 새로운 마케팅 기법이 각광받는 이유다.

우리나라의 대기업들은 대부분 전자, 자동차, 조선, 철강 등 제조업 분야에서 후발주자로 성장한 회사들이다. 이러한 대기업들은 회사 분위기가 전반적으로 보수적인데, 그렇다 보니 추구하는 마케팅 전략 또한 보수적인 경향을 띤다. 보수적 마케팅 전략이란 자신들이 진출할 시장을 새롭게 만들거나 키우기보다는 마케팅 비용을 효율적으로 투자하여 매출과 수익의 극대화를 추구하는 것을 말한다.

삼성전자의 마케팅 부서 역시 영업 부서의 하위 조직으로 시작했기 때문에 타 부서에 비해 영향력이 떨어졌던 것이 사실이다. 그에 반해 우리의 경쟁자인 주요 글로벌 브랜드들은 대개 제조시설을 보유하지 않은 채 오직 브랜딩만으로 승부한다. 때문에 이런 경쟁사들에서 마케팅 부서가 가지는 위상은 우리와 비교할 수 없이 높다. 그들은 시장의 변화에 민감할 뿐 아니라 고객들, 즉 소비자의 트렌드를 선도하기 위한 노력도 기울이고 있다.

삼성전자가 보수적인 마케팅 전략을 가지고도 세계적인 기업으로 성장할 수 있었던 까닭은 그간 추진해왔던 패스트 팔로어fast follower 전략, 즉 경쟁자가 만들어놓은 판에서 경쟁사 제품과 유사한 제품을 더 싸게, 더 빨리 만들어내는 전략이 어느 정도 먹혔기 때문이다. 하지만 이제는 많은 한국 기업이 마켓 리더로서 시장을 창조하지 않으면 더 이상 성장하기 어려운 상황에 처했고, 그렇기에 지금까지와는 전혀 다른 사고의 전환이 필요해졌다. 현재 여러 기업들은 창조적 사고와 유연한 조직문화를 강조하는데, 이 역시 그런 변화의 필요성에 대해 얼마나 많이 고민하고 있는지를 보여준다.

삼성 역시 브랜드의 위상이 커지면서 제조 중심의 조직 문화를 바꾸기 위해 끊임없이 노력해왔다. 1990년대 후반부터 시작된 MDCMarket Driven Company 캠페인은 "시장의 요구와 상황에 따라 회사를 운영하겠다."라는 선언이었다. 이는 구성원들에게 제조 중심에서 벗어나 시장 중심적 사고의 전환을 요구한 대표적인 예라 하겠다.

MDC 캠페인은 일회성 이벤트에 그치지 않고 꾸준히 그리고 점점 강도 높게 진행되고 있다. 삼성은 최고경영진이 주도하던 마케팅 전략에 대한 권한을 마케팅 전문가 조직에게 이양하여 전 세계를 대상으로 대대적인 브랜드 캠페인을 진행하고 있다. 이는 삼성 조직이 시장 친화적으로 계속 진화·발전하고 있다는 점에서 고무적인 일이 아닐 수 없다.

4차 산업혁명 시대의 마케팅은 어떻게 변하는가

세상은 하루가 다르게 변하고, 그 속도 또한 점점 빨라져서 어떤 때는 변화의 단계를 감지하기도 어려워졌다. 우리가 2차 산업혁명(대량생산) 단계에 머물며 3차 산업혁명을 흉내(초고속통신망 등 ICT H/W 인프라 위주투자)만 내고 있는 동안 세상은 4차 산업혁명(O2O, IOT, AI로 대변되는 사물초지능) 단계로 빠르게 진화하고 있다. 이런 상황에서 마케팅의 역할과 중요성은 자연스레 점점 더 중요해지는 것이 사실이다. 마케팅은 이러한 변화를 제일 먼저 감지하여 시장을 창조하는 역할을 해야 하기 때문이다.

이 책에서 살펴볼 '리테일 마케팅'은 시장을 감지하고, 소비자와 직접 소통하고, 트렌드를 만들어가는 마케팅의 중요한 지점이다. 이제까지 한국에서 '리테일'이란 유통을 칭하는 다른 말에 지나지 않았다. 리테일이라는 개념이 한국에 생기고 다양한 형태의 리테일이 등장하면서 본격적인 리테일 마케팅을 고민하기 시작한 것이 불과 20여 년밖에 되지 않았으니 이는 어쩌면 당연한 일이다. 그러나 지금 우리에게 리테일이란 소비자와 직접 커뮤니케이션할 수 있는 창구이자 소비자의 욕망이라는 마케팅의 본질을 꿰뚫는, 현 시대의 트렌드를 이해할 수 있는 핵심 공간이다. 이 책에서 리테일 마케팅의 방법론을 설명하기 전에 변화하는 소비자 트렌드와 변화할 매장의 모습을 살펴보고, 마케팅의 전반을 앞서서 설명하는 것도 그런 이유 때문이나.

변화하는 소비자에
맞춰라

P. D. 제임스P. D. James의 동명 소설을 영화화한 알폰소 쿠아론Alfonso Cuaron 감독의 〈칠드런 오브 맨Children of Man〉은 멀지 않은 미래인 2027년을 우울하고 절망적인 분위기로 묘사한 SF영화의 수작이다. 이 작품은 환경문제나 로봇과의 전쟁, 외계인 침략 등 비현실적인 주제가 아닌 '더 이상 아이를 낳지 못하는 세계'라는, 현실과 유사한 설정을 다룬다.

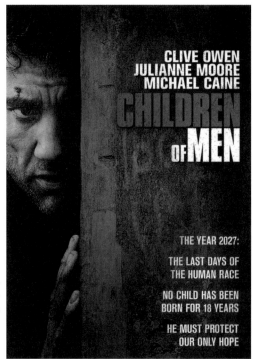

▶
알폰소 쿠아론 감독의 영화 〈칠드런 오브 맨〉. 원인 모를 질환으로 전 인류가 '불임' 상태가 된 미래를 난민, 테러 등 현재진행형 문제와 절묘하게 혼합하여 묘사함으로써 암울한 미래 사회를 사실적으로 그려냈다.

흥미로운 사실은 2006년 제작된 이 작품이 한국에서는 2016년 말에야 극장에서 개봉되었다는 것이다. 여러 가지 이유가 있었겠으나 한국 상황과의 접점도 그중 하나가 되었으리라고 조심스레 추측해본다. 한국 사회는 2016년 처음으로 생산가능인구(15~64세)가 줄어들어 본격적인 초저출산 사회로 접어들었다. 생산가능인구의 감소는 달리 표현하면 소비인구의 감소라고도 할 수 있다. 불경기의 늪을 헤쳐 나갈 방도가 별로 보이지 않는 이런 우울한 현실이 영화의 배경과 절묘하게 맞아떨어졌던 것 또한 새삼스레 이 영화에 주목하게 된 이유와 무관하지 않았다.

젊은 세대의 늦은 결혼, 출산율 감소, 이로 인한 인구 감소 전망이 현실화되면서 조만간 산업 전체에 영향을 미칠 것이라는 우려가 나오고 있다. 실제로 연간 출생아 수는 2000년 63만 명에서 2016년 40만 6,300명으로 급감했다. 불과 20년도 안 되는 시간 동안 시장의 3분의 1이 사라져버린 셈이다. 인구 감소는 곧바로 시장 축소, 뒤이어 성장 둔화와 불경기라는 문제로 연쇄적으로 연결된다.

가장 먼저 유탄을 맞은 것은 아동도서 시장이다. 2015년의 아동도서 발행부수는 1,683만 부로 최고치를 기록했던 2011년보다 절반 이하로 급격히 줄어들었다. 저출산으로 아이들 수가 줄어드는 현실의 영향이 아동도서 발행부수의 급감이라는 형태로 나타난 것이다. 부정할 수 없는 트렌드가 되어가고 있는 이런 추세는 곧 다른 산업에까지 영향을 미칠 것이 분명하다. 사교육 시장, 대학 입시뿐 아니라 더 나아가서는 주류, 패션·미용 업종까지 순차적으로 타격을 받을 것이라 예상된다.

이에 따라 기업들의 사업기획 및 마케팅 전략 또한 수정이 불가피해졌

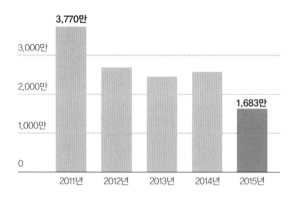

3,770만

3,000만

2,000만

1,683만

1,000만

0

2011년   2012년   2013년   2014년   2015년

▲ 아동도서 발행부수는 2011년 3770만 부에서 2015년 1683만 부로 감소했다
(단위: 부, 출처: 대한출판문화협회).

다. 소비 시장의 변화를 조기에 감지하고 신사업 영역을 발견한 기업들만이 새로운 성장 동력을 확보할 수 있게 된 것이다.

소비자는 변하고 있다. 인구 감소로 인한 소비인구의 축소와 더불어 소비자 또한 변하고 있다는 점도 예의 주시해야 한다. 이들이 보여주는 삶의 패턴은 다양한 변화를 거듭하고 있으므로, 소비자의 변화를 파악하는 것이 시장 변화를 보는 마케터의 출발점이라고 할 수 있다.

욜로, 일점호화, 나홀로를 넘어서는 신인류 소비자

캐나다의 한 래퍼가 최초로 사용한 욜로YOLO라는 표현은 버락 오바마 Barack Obama 전 미국 대통령이 '오바마 케어'의 홍보 동영상에서 언급하면서 세계적인 유행어가 되었다. 욜로는 'You Only Live Once'의 앞 글자를 딴 말로 '당신의 인생은 오직 한 번뿐'이란 뜻, 즉 미래의 삶이나 남을 위해 희생하지 않고 현재의 행복만을 추구하는 라이프스타일을 나타내는 표현이다. 욜로족은 내 집 마련 등 노후 준비를 위해 열심히 돈을 벌고 모으기보다는 지금 당장 삶의 질을 높일 수 있는 취미생활, 자기계발 등에 아낌없이 돈을 쓴다. 이들의 소비는 단순히 물욕을 채우는 것을 넘어 자신의 이상을 실현하는 과정에 있다는 점에서 충동구매와 구별된다. 단순히 미래를 위한 돈의 축적을 포기하고 낭만적 현실주의를 택하는 것이다. 적금을 타서 전셋집을 얻는 대신 해외여행을 떠나거나 취미생활에 한 달치 월급을 소비하는 것 등이 그 예라 하겠다.

미국에 욜로가 있다면 일본에는 '평소에는 허리띠를 졸라매지만 자기가 좋아하는 한 가지에는 과도한 지출을 하는 것'을 뜻하는 '일점호화一點豪華' 소비 현상이 있다. 1960~1970년대 일본의 천재 전위예술가 데라야마 슈지寺山修司가 "거적때기를 덮고 자더라도 한 부분(일점)에서만은 호화로움을 추구하자. 그것은 무료하기만 한 소시민적 삶의 한 돌파구다."라고 언급하면서 사용되기 시작했다. 몇 달간 편의점 도시락으로 점심을 해결하면서 절약한 돈으로 이성 친구와 고급 호텔 식당에서 식사하고 그 인증샷을 SNS에 올려서 받은 '좋아요'와 '댓글' 수에 만족한다든지, 가성비가 뛰어난 스파(SPA, 전문소매점special retailer + 고유상표priviate label + 의류apparel의 약자. 의류 제조업체가 제품을 기획, 생산하며 판매를 위한 매장까지 일체화해 운영하는 방식) 의류를 입지만 시계만은 명품을 고집한다든지, 20대 및 1인가구 생활자들 사이에서 유행하는 피규어 등을 비싼 돈을 주고 수집하는 것 등이 일점호화 소비에 해당한다.

그렇다면 한국에는 어떤 신인류가 등장했을까? '혼밥족' 혹은 '나홀로 족'으로 불리는 이들이 그 주인공인데, 특히 그중 1인가구가 차지하는 비중의 증가세가 눈에 띈다. 2015년 말 기준 대한민국 1인가구는 520만으로 전체 가구의 27%를 차지하고 있다. 이 숫자는 102만 가구였던 1990년보다 다섯 배 이상 증가한 수치다. 네 집 중 한 집이 1인가구인 셈이니 혼자 사는 것이 더 이상 이상한 일이 아닌 세상이 된 것이다.

1인가구가 아닌 가족들과 사는 사람들 중에도 자발적으로 혼자만의 삶을 추구하는 이들이 늘어난 것 또한 나홀로족이 급격히 증가한 원인 중 하나다. 이것은 인간관계에 대한 스트레스 증가, 경쟁을 부추기는 사회 분위기로 인한 공동체의식 약화와 더불어 개인주의에 익숙한 밀레니얼 세대(2000년에 성인이 된 1980년 이후 출생자)가 경제력을 갖추고 사회생활을 시작한 시점과 무관하지 않다. 미국의 욜로족이 '행복'을, 일본의

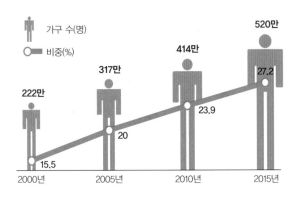

▲ 2015년 말 기준 대한민국 1인가구는 전체 가구의 27%로 꾸준한 증가세를 보이고 있다(출처 : 통계청).

일점호화 현상이 '자기만족'을 추구하는 데 반해 한국의 나홀로족 증가 현상은 사람들과 관계를 맺고 유지하는 것을 '수고로움'으로 받아들일 정도로 한국 사회가 변화하고 있다는 반증이라 하겠다.

신인류의 등장에서 찾는 새로운 기회

1) 혼밥족과 편의점의 약진

나홀로족의 일코노미1conomy 경제 활동을 가장 잘 반영한 유통 지형의 변화는 1~2인가구를 겨냥한 편의점의 약진이다. 실제로 4인 가족을 기준으로 제품의 매대 및 포장단위를 구성하는 대형 할인마트 비즈니스는 매년 뒷걸음치고 있는 데 반해 편의점 3사(CU, GS25, 코리아세븐)의 매출은 3년 연속 성장(2014년 8.3%, 2015년 26.5%, 2016년 18.1%)하고 있다.

편의점 매출을 견인한 주역은 가정간편식(HMR, home meal replacement)으로, HMR의 두 주역이라 불리는 편의점 도시락(9조 9,000억 원, 최근 4년간 49% 증가)과 즉석조리식품(5조 8,000억 원, 최근 4년간 53% 증가)이었다.[1] 이러한 간편식 시장의 급성장은 우리나라에서 두드러지게 나타나는 현상이다. 영국의 국제시장 조사기관인 캐나딘Canadean에 따르면 전 세계 간편식 시장 규모는 2015년 기준 763억 달러로 2011년보다 오히려 9.6% 감소했다. 1인 식사가 오래전부터 대중화된 선진국의 경우 간편식 시장이 완숙기에 접어든 반면 우리나라는 최근 몇 년간 1~2인 위주로 가구

구조가 급격히 바뀌면서 본격적으로 간편식이 각광받고 있기 때문에 세계의 경향과는 다른 움직임을 보이고 있는 것이다.

2) 마인드푸어족과 렌털 시장 확대

불황이 장기화되면서 '마인드푸어(mind poor, 소득이 줄어들지 않았음에도 미래에 대한 불안감으로 소비 의욕을 잃은 사람들)' 소비자들이 증가하고 있다. 여기에 삶을 단순화하여 불황에 능동적으로 대처하는 '미니멀리즘 minimalism'까지 인기를 끌면서 저렴한 비용으로 원하는 상품이나 서비스를 이용하려는 경향 또한 증가 추세를 보인다. '소유'하지 않고 '소비'하는 시대가 온 것이다. KT경제경영연구소에 따르면 2011년 19조 5,000억 원이었던 국내 렌털 시장 규모(차량, 산업기계 포함)는 2016년 25조 9,000억 원으로 커졌고, 2020년에는 40조 원이 넘을 전망이다.

▲ 롯데백화점은 2016년 7월 업계 최초로 패션 렌털숍 '살롱 드 샬롯'을 본점에 열었다. 패션 렌털숍은 결혼식, 돌잔치 등 특별한 날에 입는 정장이나 드레스, 액세서리를 대여해주는 매장이다 (출처: 롯데백화점).

가정용 정수기의 경우만 해도 렌털 제품으로 교체된 지 이미 오래고, 서울 시내를 달리는 자동차 여섯 대 중 한 대가 렌털 차량인 시대다. 이러한 추세는 가전제품, 명품 같은 고가 상품에 이어 가구, 가방, 미술품, 유모차로까지 그 영역이 넓어졌다. 20~30대를 대상으로 의류, 주얼리, 가방 등의 패션 아이템을 대여해주는 패션용품 렌털숍은 이런 점에서 향후 성장이 기대되는 시장이다. 이 시장은 또한 코디네이션을 위한 전문 인력 및 증강현실 등의 IT 기술, 피팅 서비스 등이 필요한 의류 사업에 비해 적은 자본으로 손쉽게 창업할 수 있다는 점에서 앞으로도 계속 눈여겨봐야 할 분야다.

3) 나홀로족의 증가와 반려동물 시장의 확대

외로움을 달래줄 수 있는 반려동물을 키우는 사람들이 많아지면서 점점 확대되고 있는 반려동물 관련 시장도 지켜봐야 할 필요가 있다. 농림축산식품부에 따르면 2015년 1조 8,000억 원이던 반려동물 시장은 2016년

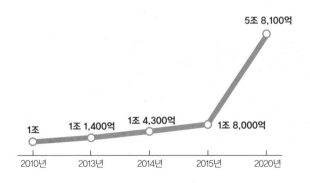

▲ 국내 반려동물 시장 규모(단위: 원, 출처: 농협경제연구소).

2조 3,000억 원 규모로 대폭 성장했고, 2020년에는 5조 8,000억 원까지 확대될 것으로 전망된다. 더불어 2013년 1조 3,000억 원 규모였던 반려동물약품 시장 역시 2014년 1조 4,000억 원대로 성장했다. 이는 2013년보다 9% 이상 성장한 수치인데 같은 기간에 의약품 시장 규모가 0.57% 증가하는 데 그친 것과 비교해보면 가파른 성장세에 있음을 알 수 있다.[2]

반려동물을 많이 키우는 일본의 경우와 비교하여 이런 수치들을 생각해보면 우리나라의 반려동물 관련 시장의 성장 가능성은 앞으로도 매우 크다는 것이 느껴진다. 골든브릿지투자증권 리서치센터에 따르면 일본의 반려동물 시장이 일본 국내총생산GDP 대비 0.3%인 데 반해 한국은

◀
반려동물 시장이 커지면서 예전에는 동물병원에서 판매하던 애견용품만을 취급하는 편집숍이 등장했다.

아직 0.07%에 불과하기 때문이다. 반려동물을 기르는 가구의 비중 또한 2012년 현재 일본은 27%지만 한국은 18%다. 이러한 사실들을 바탕으로 미루어 보면 반려동물용품 전문 아울렛, 반려동물 뷰티스토어는 물론 반려동물과 함께 입장이 가능한 카페 등은 계속 늘어날 전망이다. 반려동물과 관련된 시장은 앞으로도 적게는 두 배, 많게는 다섯 배 이상의 성장이 예상되는 블루오션인 것이다.

4) 그루밍족의 등장과 자기계발 업종의 성장

자신을 꾸미기 위해 패션과 미용에 '아낌없이' 투자하는 남성을 뜻하는 '그루밍grooming족'의 등장과 더불어 성공보다 개인의 행복한 삶을 중시하는 방향으로 가치관이 변화함에 따라 헬스클럽, 골프, 도서 등 자기계발과 관련된 업종 역시 빠르게 성장하고 있다. 미국에서는 피트니스센터의 개인 트레이너personal trainer 직종이 연간 30%의 성장률을 보이고 있는데, 이와 비슷한 현상이 한국에서도 발견된다.

가장 구매력이 왕성한 40~50대를 중심으로 연간 카드 사용내역을 살펴보면 피트니스센터(188%), 수영장(31.5%)에 대한 지출이 크게 늘어난 것을 알 수 있다. 드러그 스토어drug store로 불리는 CJ올리브영과 롭스LOHB's, 왓슨스Watsons의 성장세 또한 이러한 현상과 무관치 않다.

1999년 12월 CJ올리브영이 신사동에 1호점을 내면서 한국에 도입된 드러그 스토어 시장은 현재 1조 원 규모로 성장하여 2009년 이후 여덟 배가 확대되었다. 드러그 스토어가 시작된 미국 등 서구에서는 의사 처방 없이 구매할 수 있는 의약품 위주로 상품 구색을 갖추고 있는 데 반해

▲ CJ 올리브영은 현재 790개인 매장 수를 늘리기 위해 기존 매장의 4분의 1 수준인 소규모 매장 '올리브영 미니'를 내놓고 있다.

한국에서는 헬스 및 뷰티 관련숍으로 소비자에게 인식되어 있는 것 또한 특이한 점이 아닐 수 없다. 비교적 최근에 도입된 의약 분업, 약국 외에서는 상비약 구매조차 어려웠던 한국 환경을 고려한 포지셔닝이었지만 결과적으로 시장 확대에 성공한 전략이 된 것이다.

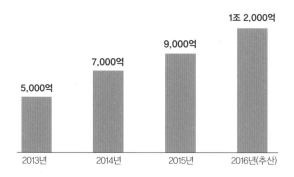

▲ 2013년 5,000억 원이었던 드러그 스토어의 시장 규모는 2016년 1조 2,000억에 이를 정도로 급성장세를 보이고 있다(단위: 원, 출처: 각사·올리브영).

로드숍이나 백화점에 있는 제품을 구매하던 기존의 소비행태가 2010년 이후 체험형 구매로 바뀐 것, 더불어 상대적으로 중소형 제품 및 덜 알려진 해외 브랜드 위주의 상품을 선보였던 드러그 스토어의 제품들을 사용해본 소비자들 사이에서 '가성비 좋은 제품'이라는 입소문이 퍼진 것이 드러그 스토어 시장의 성장으로 이어졌다고 분석된다.[3]

5) 실버족의 증가와 복고 마케팅

경기 침체가 장기화되면서 청년실업 문제가 해결의 기미를 보이고 있지 않는 가운데 20~30대의 소비력은 날이 갈수록 줄어드는 모양새다. 이런 중에 베이비부머 세대의 고령화가 가속화되면서 60대 이상이 소비 주체로 부상하고 있다. 인구 고령화와 함께 부의 고령화 속도도 빨라지고 있는 것이다. 이러한 현상이 향후 리테일 시장에 어떠한 영향을 미칠지 예상하기 위해서는 우리보다 앞서 이를 경험한 일본의 상황을 살펴볼 필요가 있다.

일본은 60세 이상이 전체 인구의 3분의 1이고 전체 소비 규모의 절반을 차지하고 있으므로 실버족이 일본 전체 소비를 주도하고 있다고 해도 과언이 아니다. 1970년대 청바지와 미니스커트로 유행을 이끌던 이들이 고령화되어 새로운 소비 주체로 떠오르고 있는 것이다.

초고령 사회의 특징 중 대표적인 것은 의료, 사회 활동, 여행, 인테리어 등 노년층과 관련된 소비가 증가한다는 것이다. 한국에서는 20~30대 1인가구가 편의점의 주 고객층을 형성하지만 일본에서는 고령화가 진행되면서 실버족이 편의점의 주 고객층을 차지하고 있다. 서동이 불편한 노년층이 손쉽게 이용할 수 있는 편의점 사용이 많은 지역 사회를 중심으로 소상권이 발달하고 있다. 앞서 예로 들은 의료·여행 및 반려동물 관련 매장 등이 이러한 소규모 상권을 형성하는 대표적인 업종이다.

더불어 과거의 좋았던 시간과 옛 추억을 불러오는 복고 마케팅 또한 하나의 트렌드로 자리 잡게 된다. 조리개, 노출 등의 기본 기능을 다이얼로 구현하여 필름 카메라와 유사하게 만든 클래식한 디자인의 디지털 카메라가 일반 디지털 카메라의 세 배가 넘는 비싼 가격에도 일본에서 큰 히트를 친 것이 좋은 사례다. 한국에서도 1990년대 인기를 얻다 단종된 제품들에 새 옷을 입혀 재출시한 소위 '추억팔이' 제품들이 인기를 끌고 있는데 이 역시 20~30대보다는 40~50대 이상이 주 소비층을 형성하는 소비 노령화 추세와 무관하지 않은 현상이다.

6) 윤리적 소비자의 등장과 에코 마케팅

시민의식이 성숙하고 환경 문제가 본격적으로 대두되면서 '윤리적 소비' 혹은 '착한 소비'를 실천하려는 운동이 주목받고 있다. 이는 소비자에게 믿고 쓸 수 있는 제품을 제공함으로써 타인을 배려하고 공동체를 생각하는 '윤리적 소비'를 실천할 수 있는 기회를 제공하기 위한 것이다.

따라서 기업이 단순히 이윤만을 추구하는 것이 아니라 '세상을 더 좋은 방향으로 바꾸기 위한 기여'라는 사회공헌활동(CSR, corporate social responsibility)을 내세운다면 대외적인 이미지는 물론 사업에도 좋은 영향을 미칠 것이다. 최근 많은 기업이 참여하는 임직원들의 봉사 활동이나 일회성이 아닌 지속적 후원 활동, 장애인을 위한 제품 개발 등이 CSR의 대표적인 사례다.

윤리적 소비를 활용한 또 다른 사례는 친환경 혹은 에코eco 마케팅이다. 자라ZARA가 유기농 목화 등으로 만든 환경 친화적 제품을 판매하고 제품 수송 시 바이오 디젤을 연료로 사용하여 탄소 배출 감소에 기여한다고 광고하는 것, 종이 관련 상품들이 '100% 재생 용지 사용' 같은 문구를 포장에서 크고 선명하게 강조하는 것, 자동차 회사들이 앞다투어 연비가 높고 탄소 배출이 적은 친환경 신차 개발에 집중하여 이를 기업의 이미지와 연결시키는 것 등이 에코 마케팅의 예다.

친환경 이미지를 쌓아가는 기업은 매출 증대로 인한 이윤은 물론 직원들의 사기 면에서도 좋은 결과를 얻을 수 있다. 그러나 우리나라에서는 공정무역 상품과 친환경 제품에 대한 소비자들의 관심이 높아지고 있음에도 이를 활용한 마케팅은 아직 걸음마 단계에 있어 아쉽다.

최근에는 친환경을 화두로 한 소셜 벤처기업을 많이 볼 수 있다. 일례로 트리플래닛treepla.net은 세상 모든 사람이 나무를 심을 수 있는 방법을 만든다는 기조에서 설립된 벤처기업으로, 개인 또는 그룹의 신청을 받아 숲을 조성하는 '크라우드 펀딩(crowd funding, 대중에게서 자금을 조달한다는 뜻. 다수의 대중에게서 자금을 모아 기부하거나 공공콘텐츠를 만들기도 한다.) 서비스'를 운영하고 있다. 또한 '중국 사막화 방지숲' '네팔 지진 피해 지역 복구를 위한 커피나무 농장' 등 다양한 환경적·사회적 가치를 가진 숲을 조성해나가는 중인데, 특히 한류스타의 팬덤fandom을 활용한 활용이 눈에 띈다. 트리플래닛은 스타의 팬들이 기부하여 해당 스타의 이름으로 숲을 조성하는 프로젝트를 진행 중인데, 실제로 '소녀시대 숲' '김수현

숲' 등 2016년 3월까지 전 세계 12개국 116개 숲에 55만 그루의 나무를 심었다. 앞서 언급했듯 우리나라에서도 공정무역 상품과 친환경 제품에 대한 소비자의 관심이 높아지고 있으므로 마케터라면 친환경 기업 이미지를 심고 이를 판매로 연결하는 다양한 전략을 시도해봄 직하다.

7) 콘텐츠 덕후의 증가와 제휴 마케팅

2017년 모바일 월드 콩그레스(MWC, mobile world congress)의 기조연설자는 하이테크 기업의 수장이 아니었다. 넷플릭스(Netflix, 영상 콘텐츠를 볼 수 있는 동영상 스트리밍 서비스 회사)의 CEO인 리드 헤이스팅스Reed Hastings가 미디어업계 대표로는 최초로 단독 연설을 맡은 것이다. 넷플릭스는 1997년 회원들에게 비디오테이프를 발송하는 회원제 서비스업체로 시작했으나, 이후 시간에 구애받지 않는 온라인 스트리밍 서비스로 단기간에 5,700만 명의 유료 서비스 이용자를 전 세계에서 모을 수 있었다.

리드 헤이스팅스는 스트리밍 서비스에 만족하지 않고 넷플릭스 오리지널 콘텐츠의 제작에 매년 6조 원 이상을 투자하고 있다. 최초로 자체 제작한 드라마 〈하우스 오브 카드House of Cards〉는 에피소드 1편을 본 뒤 이틀 내에 10여 편 이상을 몰아보는 충성 시청자들을 양산했다. 넷플릭스가 오리지널 콘텐츠 제작에 이토록 힘을 쏟는 이유는 콘텐츠가 양산해내는 충성고객, 즉 흔히 말하는 '덕후'의 가치를 알기 때문이다. 덕후를 낳는 콘텐츠들은 영화, 드라마 등에 그치지 않고 각종 피규어, 굿즈 시장 등 이른바 캐릭터 사업으로 연결되어 매년 급성장하는 중이다.

넷플릭스처럼 자체 콘텐츠 개발을 하는 기업도 있지만, 그렇지 못한 기업은 콘텐츠 업계의 파트너를 찾아 공동 마케팅을 하기도 한다. 특히 전 세계적인 팬덤을 확보하고 있는 영화나 유명 만화의 캐릭터를 활용한 공동 마케팅은 소비자들로 하여금 생소한 제품을 거부감 없이 혹은 좀 더 친근하게 받아들이게 하는 효과가 있다.

한국 소비자도 다르지 않다. 2016년 말, 드라마 〈도깨비〉가 시청자의 마음을 강타하자 TV의 오락 프로그램과 광고들은 〈도깨비〉를 패러디하거나 〈도깨비〉 출연진으로 도배되었다. 드라마를 보지 않았던 대중들은 뒤늦게 몰아보면서 내용을 따라잡고, 주인공이 입었던 옷이나 배경 장소, 등장인물들을 캐릭터로 만든 게임이나 인형 등 새로운 매체로 드라마 〈도깨비〉를 소비하고 간직한다. 이제 소비자는 소수 오타쿠ぉたく가 아닌 대중 덕후가 된 것이다. 그에 발맞춰 기업들은 매체 사이의 융합 및 '덕후성'을 자극하는 콘텐츠에 주목하며 그것을 위해 투자하기 시작했다.

리테일

🏷️ 리테일은 '유통을 통한 이윤 추구를 목적으로 소규모의 소비재 또는 서비스를 다수의 고객들에게 직접 판매하는 과정'이라 할 수 있다. 즉 소비라는 목적을 위해 소규모로 물건을 구매하는 개인이나 가계를 대상으로 서비스 및 상품을 판매하는 형태가 리테일인데, 국내에서는 '소매업'으로 번역 및 통용된다.

농경사회를 거쳐 도시화가 진행됨에 따라 우리는 일상생활에 필요한 거의 모든 것을 구매를 통해 얻게 되었다. 그렇지만 한국에서 다양한 형태의 리테일이 등장한 것은 비교적 최근의 일이다. 전자제품이 처음 국내에서 양산되던 1960년대 말~1970년대 초만 하더라도 TV 등 고가 전자제품의 판매는 이를 위한 유통망이 존재하지 않았기 때문에 방문판매의 형태로 이루어졌다. 물건을 팔 유통망 자체가 없다는 것을 지금으로선 상상하기 어렵지만, 당시에는 유통업이 발달하지 않았기 때문에 새로운 제품이 생산되면 전시 및 판매를 위한 새로운 유통 채널을 만들어야 했다.

상품이 귀하고 유통의 발달도 이루어지지 않았던 시절에는 소비자가 상품을 찾아다녀야 했지만, 지금처럼 상품이 넘쳐나는 시대가 되자 상황도 바뀌었다. 상품의 판매를 위해 '어떻게 하면 소비자의 눈길을 사로잡을 것인가?'가 화두로 등장한 것이다. 이와 맞물려 리테일의 중요성도 높아졌다. 리테일은 소비자에게 물건을 팔 수 있는 직접적인 통로이기 때문이다. 제조(공급)업체는 리테일을 확보해야 비로소 판매 경로를 마련할 수 있음은 물론 자신의 제품에 대한 시장 반응을 접하는 것도 가능해진다. 그러나 사업의 규모가 커질수록 기업은 '거래선'이라 칭하는 다양한 중간 유통을 통해 물건을 공급하게 되고, 기업은 이 거래선과의 1차적 관계 형성을 우선시하느라 최종 소비자와 접하는 리테일을 소홀히 하는 오류에 빠지기 쉽다.

리테일은 어떻게 시작되었을까

물건 거래를 위해 형성되었던 시장에서 다양한 형태로 발전한 리테일은 역사적으로 보면 통신이나 교통 등 기술의 발전, 그리고 더 좋은 제품을 더 낮은 가격에 더욱 쉽고 빠르게 얻고자 하는 인간 욕구의 발달과 그 궤를 같이해왔다. 리테일은 역사 속에서 사회 경제적으로 중요한 의미를 가지는데, 특히 생산자와 소비자 사이의 최종 연결고리를 담당하고, 상품이 원활하게 소비자에게 유통되도록 하는 역할을 했다. 인간의 소유욕으로 인해 경제가 발전되었고, 그 덕분에 '시장'이 어떻게 변해왔는가 하는 것이 바로 리테일의 역사인 것이다.

물물교환을 위해 마련된 '시장'에 더 많은 물건과 사람들이 모여들자 사람들은 단순한 일대일의 물물교환 형태를 벗어나 더 많은 물건을 구매할 수 있는 방법을 고민하게 됐다. 물론 이는 산업혁명으로 인한 대량생산과도 연관이 된다. 더 많은 재화를 효과적으로 전시하여 판매하고자 하는 인간의 욕망은 시장을 변화시켰고, 이는 다양한 리테일 형태의 진화로 나타났다. 상업이 발달한 중동에서는 사회 통념상 중개수수료, 즉 중간 유통자가 마진을 얻는 것을 당연시했기 때문에 리테일과 유통이 자연스럽게 발달되어왔다.

그러나 우리나라는 전통적으로 농업을 중시하고 상업을 경시하는 유교 문화의 영향 탓에 단계별 유통의 역할과 마진의 가치를 인정하지 않는 경향이 있었다. 다시 말해 '유통은 땀을 흘리는 노동을 하지 않고 돈을 챙기는 형태'라는 부정적 정서가 존재하는 것이다. 현대에 접어들면서 상업과 유통에 대해 많은 변화가 이루어졌으나, 사람들은 여전히 직거래 장터란 이름의 생산자-소비자 간 직거래를 선호한다. 이는 장기적으로 소매업을 비롯한 유통의 발달을 저해하고, 결과적으로 소비자가 손해를 입는 구조로 이어질 우려가 있다.

CHAPTER

02

소비자가 바뀌면 물건을 파는
곳도 바뀌어야 한다
_리테일의 새로운 변화

소비 지형의 변화와 함께 리테일도 다양한 형태로 달라지고 있다. 또한 새로운 IT 기술의 발달로 판매 기법 역시 더욱 정교하게 발전 중이고, 빅데이터를 활용한 시장과 소비자 분석은 모든 판매자들에게 탁월한 직관과 예지력을 선사하기에 이르렀다.

시대가 바뀌면서 소비자의 연령 및 계층의 기준이 달라지고, 새로운 소비층의 등장과 소비자가 사용하는 기기 등 소비자를 둘러싼 구매 환경이 변화를 거듭하면서 리테일의 전반적인 환경도 급격히 변하고 있다. 소비자의 관심을 끌기 위해 오프라인 매장은 더욱 화려해지고, 온라인 매장의 종류도 점점 더 다양해지는 것이 그 예다.

그러나 이보다 더 중요한 것은 이러한 변화가 한 가지 방향이 아닌 다각도로 이루어지며 다양화되고 있다는 것이다. 따라서 이런 추세에 주도적으로 대처하지 못하는 기업과 유통사는 경쟁에서 뒤처지는 처지에 놓이게 되었다.

리테일의
변화

1) 메가 리테일러의 등장

가장 대표적인 경우가 대기업의 골목 상권 진출로 대변되는 메가 리테일러mega retailer의 등장이다. 구멍가게는 편의점으로, 제과점은 유명 프랜차이즈로, 시장의 옷가게는 대형 SPA 매장으로 빠르게 바뀌고 있다. 동네 구멍가게에서 과자를 사고, 길거리 노점에서 붕어빵을 사 들고 시장의 보세 옷가게에서 어머니가 골라준 옷을 입어보던 일들이 먼 옛날의 추억으로 남는 세상이 된 것이다.

메가 리테일러들은 소규모 영세상에 비해 상품 조달의 규모가 클 수밖에 없다. 따라서 이들의 가장 큰 강점은 구매력buying power을 바탕으로 한 월등한 가격경쟁력과 세련된 매장 분위기다. 그러나 시장의 크기가 제한되어 있으므로 영세 자영업자들의 매장은 메가 리테일러들에게 빠르게 잠식됐고, 이러한 추세는 가속화되고 있다. 실제로 대형마트 한 곳이 진출하면 그 사업범위인 반경 4~5km 내에 있는 지역상인의 월 매출은 2년 내 반토막이 난다.

이러한 환경에서 소규모 자영업자들이 살아남을 수 있는 길은 본사의 지침대로만 운영되는 프랜차이즈 지점들이 따라 할 수 없는 자신만의 개성을 갖추는 것이다. 가로수길, 홍대 앞, 경리단길 등 독특한 인테리어와 외관을 갖춘 상점이 밀집한 지역 상권이 되살아난 것은 이러한 사실을 방증한다.

2) 온라인과 오프라인 리테일 경계의 종말

휴대용 모바일 기기의 보급으로 소비자는 과거와 달리 온라인에서 상품의 가격을 검색하고, 오프라인 매장에서 바로 제품을 확인 및 구매하는 것, 즉 역쇼루밍reverse showrooming이 가능해졌다. 역쇼루밍 외에도 다양한 형태의 교차 쇼핑(crossover shopping, 쇼루밍과 역쇼루밍을 모두 아우르는 용어)이 등장했는데, 이에 대한 해법의 하나로 최근 기업들은 다양한 마케팅 기법을 활용하여 새로운 서비스를 선보이고 있다. 매장에서 상품을 직접 체험해보고 모바일로 주문하는 옴니채널omni-channel 서비스 개념을 본격적으로 도입한 롯데홈쇼핑 스튜디오숍이 그 대표적인 예다.

롯데홈쇼핑은 2015년 10월 오프라인 체험공간인 롯데홈쇼핑 스튜디오숍을 서울 잠실 롯데월드타워 광장에 오픈했다. 롯데홈쇼핑 스튜디오숍은 TV나 온라인 모바일 채널에서만 볼 수 있었던 홈쇼핑 제품 및 브랜드를 고객들이 직접 매장을 방문해 체험할 수 있도록 기획함으로써 온

▲ 잠실 롯데월드타워 광장 내부의 스튜디오숍 매장(출처: 롯데홈쇼핑).

라인, 오프라인 및 모바일 간의 경계를 허물고 소비자들로 하여금 원하는 상품을 원하는 곳 어디서나 구입할 수 있게 했다.

롯데홈쇼핑 스튜디오숍에서 고객들은 마음에 드는 제품을 직접 만지거나 착용해본 후 곧바로 TV 모바일 앱을 통해 구매함은 물론 원하는 장소로 배송시킬 수 있다. 또한 이 스튜디오숍은 모바일 쇼핑에 익숙하지 않은 고객들을 위해 매장 내에 초대형 모바일 기기를 설치하여 앱 사용법을 익히고 구매까지 할 수 있도록 지원한다.[4]

3) SNS 마케팅과 모바일 마케팅의 확대

인터넷몰인 G마켓에 따르면 2016년 처음으로 휴대폰을 이용한 모바일 쇼핑의 매출 비중(54%)이 PC인터넷 쇼핑 매출 비중을 앞질렀다고 한다. 옥션 또한 모바일 매출이 2015년 대비 7% 증가한 43%를 기록했다 하니 이제는 모바일 쇼핑이 대세가 되어가는 경향이 가속화되고 있음을 알 수 있다.

이러한 추세에 발맞춰 기업들은 모바일을 활용한 다양한 마케팅 활동을 전개 중이다. ①소비자의 상품평이나 체험정보 등을 활용한 소셜 네트워크 서비스(SNS, social network service) 마케팅, ②고객의 성향에 맞춘 맞춤형 제품을 스마트폰으로 추천(오퍼링)하는 모바일 마케팅, ③소비자를 대상으로 하는 블로그 운영을 통해 고객 관점의 스토리를 상품의 간접체험으로 활용하는 마케팅 등이 그 예들이다.

특히나 모바일을 활용한 마케팅 방법들은 빠르게 발전하고 있다. 스마트폰 보급률이 높아지고 그에 따라 스마트폰으로 모든 것을 해결하는 추세이니 당연히 모바일 마케팅도 중요한 요소가 되고 있는 것이다. 애플페이, 카카오페이, 삼성페이 등 스마트폰을 이용한 핀테크(fintech, 금융financial과 기술technical의 조합어로, 금융 서비스를 모바일 등 새로운 IT기술로 이용하는 것)가 각광받는 것 또한 이러한 현실이 반영된 결과다.

빅데이터를 소비자 심리 분석에 활용해라

소비자 트렌드 분석은 흔히 진흙 속에서 진주를 찾는 것에 비유할 만큼 수고로움이 요구되는 작업이다. 그러나 새로운 기술의 발달로 빅데이터를 통해 시장과 소비자를 새롭게 이해하고 변화를 만드는 데 성공한 마케터가 늘어나고 있다.

2016년 초 설립된 남성 수제화 전문업체 칼렌시스CALLENSES는 당초 그루밍족을 주요 타깃으로 설정하고 영업 활동을 했으나 기대만큼 성과가 없자 새로운 돌파구를 찾게 되었다. 이들은 SNS에서 '#남성수제구두'라는 태그가 달린 자료들을 분석한 결과 대중이 가장 선호하는 구두 종류는 '로퍼(끈이 없고 굽이 낮은 구두)'라는 점을 파악했다. 또한 남성 구두의 구매자들은 당연히 남자들일 것이라고 생각했으나 '남자친구' '남편' 등의 검색어 빈도로 추론해보니 오히려 여성들이 선물용으로 구입하는 경향이 많다는 점을 알게 되었고, 많은 그루밍족들이 가죽의 질을 중요시하며 구두 손실에 관심이 많다는 점에도 수복할 필요가 있다는 판단을 내릴 수 있었다.

칼렌시스는 이 세 가지 인사이트insight를 마케팅에 적용했다. 로퍼 제품의 라인업을 강화하고 여성이 선호하는 디자인과 가격을 앞세웠으며 구두 손질에 대한 포스팅으로 잠재 고객을 끌어들인 것이다. 그 결과 새 마케팅 방식을 적용하기 전에 비해 매출은 48%, 제품 문의는 104% 증가한 것으로 나타났다.[5]

지난 수년간 스마트폰 등 휴대용 무선기기의 빠른 보급으로 트위터나 페이스북과 같은 SNS 서비스가 급성장하면서 개인 정보와 소비 패턴, 위치정보 등이 포함된 데이터 역시 매 순간 엄청난 양으로 생성되고 있다. 매년 전 세계에서 생성되는 디지털 정보량은 3.8제타바이트(ZB, 1ZB=1조GB)로 이는 2시간짜리 HD급 영화 4,000억 편의 데이터 분량과 맞먹는다고 하니 그 규모를 짐작할 수 있다. 흔히 말하는 '빅데이터'란 이러한 대규모의 정제되지 않은 데이터를 분석하여 가치 있는 정보로 변환하고, 이를 바탕으로 하여 현재 이루어지고 있는 변화에 대한 능동적인 대응 및 변화를 예측하는 기술을 뜻한다.

2006년 대용량 데이터를 적은 비용으로 더 빠르게 분석할 수 있는 소프트웨어 '하둡Hadoop'을 개발하여 빅데이터 시대를 연 더글러스 커팅Douglas Cutting은 "지금까지는 경험 많은 경영진이 감과 통찰력에 의존하여 다양한 결정을 내렸지만 이제는 명확한 데이터 분석이 의사결정 과정에서 핵심적인 역할을 하는 시대가 되었다."라며 빅데이터의 중요성을 역설했다. 이전과 비교했을 때 이런 경영 환경은 변화의 정도가 매우 큰 것일 수밖에 없다. 하지만 고객들의 기호와 욕구 사항을 과학적으로 파악하는 데 도움을 주는 빅데이터 덕분에 모든 유형의 기업들은 소비자에 대한 깊은 이해를 바탕으로 기존 고객 및 잠재 고객과 상호작용할 수 있는 새로운 방법을 찾아낼 수 있게 되었다. 더불어 빅데이터를 만들어내는 것이 보다 쉽고 저렴해지면서 이를 이용한 비즈니스 모델들이 나타나 새로운 혁신을 촉진하고 있다.

1) 빅데이터로 소비자의 방문을 유도해라

빅데이터를 활용한 사례로는 매장 내에 방문고객 계수기, 즉 '트래픽 카운터traffic counter'를 설치하여 얼마나 많은 고객이 매장을 방문하고 그 고객들의 이동 패턴은 어떠한지 등을 분석하여 제품 전시에 활용한 것을 들 수 있다.

고객의 이동 패턴을 확인할 수 있다면 매장 내의 어느 지점이 소위 '노른자'인지를 알 수 있고, '매장' 방문객과 '판매코너' 방문객의 차이를 확인하면 이를 고려하여 제품 전시 방법을 개선하는 것도 가능해진다. 편의점에서 우유와 음료를 보관하는 냉장고가 매장 안쪽에 위치하는 이유에도 빅데이터가 숨어 있다. 편의점 방문객 대부분은 물이나 음료수를 구입하러 온 사람들인데, 이들의 동선을 매장 안쪽까지 연장시켜 음료뿐 아니라 다른 제품도 둘러볼 수 있게 하겠다는 편의점 운영자의 의도가 깔려 있는 것이다.

최근에는 적외선이나 CCTV 등을 이용한 트래픽 카운터의 기술적 한계를 줄이기 위해 방문자의 스마트폰 신호(와이파이나 무선 신호)를 집계하여 방문객 수를 측정하는 기술이 개발되었다. 원리는 기존의 트래픽 카운터처럼 매장 천장에 스마트폰 신호 감지 센서를 설치하여 방문객 수, 체류 시간, 주요 방문 공간, 재방문 횟수 등을 분석하는 것인데, 이 또한 특정 고객을 타깃으로 한 맞춤형 서비스로 진화하고 있다. 방문 이력이 있는 고객이 매장 근처를 지날 때 포착된 무선 신호를 활용하여 할인 쿠폰이나 해당 고객이 관심을 가질 만한 신상품 정보를 전달함으로써 적극적으로 고객을 매장으로 유도하는 것이 한 가지 예다.

2) 구매이력을 통해 제품을 추천해라

빅데이터를 활용한 사례로 가장 흔히 접할 수 있는 것이 바로 온라인 쇼핑몰 eCommerce에서 전개하는 '구매 이력을 활용한 마케팅'이다. 고객을 대상으로 세일 정보를 담은 DM(direct mail, 고객에게 직접 발송하는 메일)을 발송한 경우와 과거 고객의 검색 자료와 구매 결과를 기반으로 추천 상품 DM을 발송했을 때의 경우를 비교해보니 후자의 경우 구매전환율(추천 내용이 실제 구매로 전환되는 비율)이 10~20% 상승한 것으로 확인되었다.

　1996년 아마존 Amazon의 '북 매치 book match' 기능으로 시작된 이 서비스는 이후 추천에 필요한 상품과 상품의 관계성을 정의하고 분석하여 상품 간 유사성에 기반한 일대일 고객 맞춤형 추천 서비스로 발전했다. 현재는 쿠팡, 알라딘 등 거의 모든 온라인 쇼핑몰에서 이와 유사한 서비스를 제공하고 있다.

3) 각 개인에게 '맞춤형 할인 쿠폰'을 제공해라

우리가 사는 집에 실제 우편물로 자주 배달되는 할인 쿠폰은 거의 대부분 휴지통에 버려진다. 할인 품목들이 당장 소비자가 원하는 제품이 아니기 때문이다.

미국의 고객 행동 기반의 맞춤형 마케팅 솔루션 제공업체인 카탈리나 마케팅Catalina Marketing에서는 미국 내 1억 9,500만 소비자의 구매이력이 담긴 2.5페타바이트(PB, 1PB=100만GB)의 데이터를 전사 데이터베이스로 구축했다. 기업들의 입장에서는 이를 바탕으로 구매자의 행동을 분석 예측하여 맞춤형 쿠폰이나 광고 등을 제공하는 등 효과적인 마케팅 활동이 가능해진 것이다.

이를 좀 더 쉽게 이야기하면, 고객이 대형 할인마트의 계산대에서 결제하는 순간 과거 구매이력 데이터가 분석됨과 동시에 그 고객을 위한 맞춤형 쿠폰이 영수증에 인쇄되어 출력되는 시스템이다. 해당 고객의 과거 구매이력에 기반하는 맞춤형 서비스인 만큼, 여러 소비자가 동일 제품을 구매하더라도 각자에게 제공되는 쿠폰의 종류는 서로 다르다. 그 결과 쿠폰 사용을 통한 추가 구매율이 기존에는 10%였으나 25%로 크게 향상되었다. 이 맞춤형 쿠폰 서비스는 단순한 쿠폰 사용률 증가를 노리는 것이 아니라 고객의 재방문을 유도함으로써 다른 제품의 추가 매출을 얻는 것을 목적으로 한다. e커머스의 추천 매출 확대를 위해 그간 리테일러들은 막연히 고객의 방문을 기다리는 데 그치지 않고 적극적으로 고객들을 매장으로 불러들이기 위한 다양한 기법을 개발해왔다. 그러나 이러한 노력은 소비자가 원하는 서비스에 맞춤형 구매 제안이 가능할 때에야 비로소 그 결실을 얻을 수 있다는 점을 마케터들은 기억해둘 필요가 있다.

쇼루밍 & 역쇼루밍

🏷 쇼루밍showrooming은 오프라인 매장이 온라인 쇼핑몰의 전시장showroom으로 변하는 현상을 이르는 것으로, 소비자들이 오프라인 매장에서 제품을 살펴본 뒤 실제 구매는 상대적으로 저렴한 온라인 등 다른 유통 경로에서 하는 쇼핑 행태를 말한다. 이러한 쇼루밍 현상은 증가 추세에 있는데, 그 이유는 스마트폰이나 태블릿PC 등 모바일 기기의 확산에 따라 소비자가 온라인상에서 쇼핑에 필요한 제품 정보 및 리뷰 탐색 등에 쓰는 시간이 많아짐과 더불어 온라인 쇼핑몰은 오프라인 매장보다 가격경쟁력에서 우위를 차지하기 때문이다.[6] 제품을 오프라인 매장에서 자세히 살펴본 뒤 모바일에서 구매하는 것을 뜻하는 모루밍(morooming, mobile+showrooming) 역시 쇼루밍 현상의 일종이다.

역쇼루밍은 쇼루밍과 반대되는 개념으로, 온라인에서 제품에 대한 정보를 검색한 뒤 오프라인 매장에서 제품을 구매하는 소비 패턴이다. 역쇼루밍의 장점은 온라인에서 찾은 정보를 바탕으로 제품의 실물을 직접 보며 구매 결정을 재고할 수 있다는 것이다.[7] 역쇼루밍이 발생하게 된 가장 큰 원인은 온라인 쇼핑몰의 가격 공세로 고객을 빼앗기게 된 오프라인 양판점들이 고객이 요청하는 경우 프라이스 매치(price–match, 경쟁 판매점의 제시 가격suggested price에 맞추어 판매하는 기법)를 해주기 시작했기 때문이다. 온라인 쇼핑몰과 같은 가격에 체험과 쇼핑을 동시에 즐길 수 있다는 것은 소비자들에게는 분명한 장점이지만, 대형 매장을 운영해야 하는 오프라인 양판점은 결과적으로 출혈 경쟁을 감수하게 되었다.

교환가치로 욕망을 자극한 최초의 리테일: 백화점

🏷️ 쇼핑의 천국인 프랑스 파리에 가면 대부분의 사람들은 몇 개의 동으로 이뤄진 갤러리 라파예트Galeries Lafayette를 제일 먼저 떠올리지만, 사실 백화점의 원조는 에펠탑 근처에 있는 봉 마르셰Bon Marché라는 곳이다.

봉 마르셰 백화점이 등장한 19세기 중반의 유럽 사회는 식민지에서 유입된 풍부한 물자와 함께 가스등과 기차, 철골 빌딩 등으로 상징되는 산업혁명 및 신기술의 발명으로 새로운 시장이 열리기 시작한 때였다. 이러한 시기에 생긴 백화점은 기존 소비 시장의 규모가 더욱 확대되는 몫을 담당했다.

1852년 봉 마르셰를 설립한 아리스티드 부시코Aristide Bourcicau는 당시의 첨단 발명품인 철골 구조물과 유리를 이용하여 건물 내부에 크리스탈 홀을 조성, 자연 채

VUE GÉNÉRALE DES MAGASINS DU BON MARCHÉ

▲ 알렉상드르 구스타브 에펠(Alexandre Gustave Eiffel)이 설계하여 1852년에 세워진 세계 최초의 백화점 봉 마르셰.

광으로 제품의 전시 효과를 극대화했다. 이렇게 유통은 소비자의 욕망을 자극하기 시작했고, 그에 따라 상품의 가치 또한 사용가치에서 교환가치로 전환되었다. 교환가치란 제품의 필요성이 아닌 희소성에 따라 가격(가치)이 결정되는 것을 뜻한다.

봉 마르셰 이후 영국에 존 루이스John Lewis 백화점이 세워지는 등 유럽과 미국에서는 백화점이라는 형태의 유통이 등장 및 확대되기 시작했다. '필요한 물건이 생기면 그것이 있는 시장에 간다'는 것이 소비에 대한 기존의 생각이었다면, '모든 물건이 있는 시장에 가서 필요한 물건이 무엇인지 떠올리고 구매한다'는 것으로 개념 및 패턴이 전환되는 계기를 마련해준 것이 바로 백화점이었다. 백화점이라는 유통 수단에 힘입어 비로소 세상은 생산에서 소비로, 사용가치에서 교환가치로 사고의 대전환을 일으키게 된 것이다.[8]

스페인에서는 백화점을 일컬어 '알마센Almacen', 즉 '창고'라고 불렀지만 그 외 다른 국가에서의 백화점은 특별한 명칭이 없다가 근대로 오면서 각 부문별 판매 제품의 다양성을 나타내는 '디파트먼트department'라는 이름으로 불렸다. 이렇듯 당시의 백화점은 '모든 물건이 있는 곳' '새로운 물건을 잘 전시하여 고급스럽게 보이게 함으로써 교환가치를 높이는 곳'이라는 개념들이 공존한 리테일이었다.

03

미래의 매장은 단순히 물건만 팔지 않는다
_토털 리테일의 시대

토털 리테일은 온라인과 오프라인의 매장의 유기적 통합을 통해 장소와 시간의 제약 없이 소비자가 원하는 서비스를 제공하는 새로운 개념이다. 온라인 유통 채널이 ICT를 활용한 모바일 커머스, T커머스 등으로 다변화하고 있는 것이나, 오프라인 매장에서 가능했던 독특한 체험을 가상현실VR 기술을 통해 제공하는 것 등이 토털 리테일의 개념을 잘 보여준다.

현대 축구가 네덜란드에서 시작된 토털 사커total soccer를 통해 지역 개념에서 벗어나 전원공격, 전원수비라는 전방위 압박 전술을 만들어냈듯이, 토털 리테일은 매장이라는 공간의 제약에서 벗어나 온라인과 오프라인의 유기적 통합을 추구하는 것이다.

리테일러들은 매장을 더 세련되고 재미있는 곳으로 진화시키고 있다. 동시에 온라인 채널을 강화하면서 멀티채널 확장에도 힘을 기울이고 있다. 대표적 오프라인 양판 매장 베스트바이의 멀티채널 확장 전략은 2014년 기준으로 온라인 매장이 전체 매출의 13%를 차지할 정도로 성장에 기여했다. 이커머스 업체들 또한 맞춤형 구매 제안이나 오프라인 매장과 같은 현장감을 온라인상에 구현하려고 노력하고 있다.

토털 리테일 개념은 매장의 영역을 넘어 미디어까지 확장되었다. 매장은 단순한 판매 장소 아니라 기업의 브랜드 메시지를 소비자와 직접 커뮤니케이션 할 수 있는 중요 채널로 발전하고 있다. 따라서 기업은 매

장을 디자인하고 유지·개선할 때 이 점을 항상 유념해야 한다.[9]

쇼핑에서 스토리텔링으로: 대형 쇼핑몰의 진화

현재 한국의 대형 쇼핑몰들은 과거처럼 타깃 고객층의 범위는 좁혀나가되, 고유의 테마는 무한 확장하는 형태로 한층 진화하고 있다. 이러한 움직임에 나선 것은 이유가 있다. 바야흐로 온라인 쇼핑몰 전성시대인 지금 온라인 쇼핑을 즐기는 소비자들은 오프라인에서는 단순한 쇼핑이 아닌 색다른 경험을 원한다는 것, 또한 이런 소비자들에게는 스토리텔링을

분류	개장 시기	내 용
코엑스몰	2000년 5월	일렉트로마트(드론체험존 등 키덜트 겨냥)
		더라이프(생활용품만 판매)등 전문매장 중심
홈플러스 서수원점	2012년 12월	옥상에 풋살 경기장 설치(2015년 5월)
		풋살동호회원과 유소년 축구단 등의 시합 열려
이마트타운 킨텍스점	2015년 6월	지하 1층에 국내 최대규모 식품관 조성
		'월리를 찾아라' 등의 이벤트로 소비자 호응 유도
현대백화점 판교점	2015년 8월	100m 길이의 '언더월드 파노라마' 설치
		55인치 LCD 패널 272대를 활용한 볼거리 제공
스타필드 하남	2016년 9월	스포츠몬스터(암벽등반 등)
		아쿠아필드(워터파크 등)
		방문객의 스포츠/레저 활동 지원

▲ 국내 대형 쇼핑몰의 진화 사례.

통한 차별화 전략이 유효하기 때문에 과거와 같이 여러 매장이나 영화관 등의 부대시설을 보유한 형태만으로는 살아남기 어려워졌다는 것을 기업들이 깨달았기 때문이다.

IOT가 리테일을 바꾼다

인터넷이 연결된 냉장고에서 식료품을 구매하거나 TV 드라마를 보다가 리모컨을 통해 주인공이 입은 옷을 구입하는 것이 가능한 사물 인터넷(IOT, internet of things) 세상이 되었다. 기존의 e커머스는 M커머스(mobile comerce, 모바일을 통한 상거래) 단계를 넘어 IOT 커머스로 변화하는 중이다. 다시 말해 온라인 유통 채널이 다변화하고 있는 것이다.

1) TV를 보면서 쇼핑하다: T커머스의 등장

TV을 시청하다가 리모컨을 조작해 해당 상품의 구매의사를 밝히면 그 즉시 주문과 결제가 이뤄지는 서비스는 홈쇼핑업체들에 의해 처음 선보였다. 당시에는 별도의 쇼핑 정보(콘텐츠)를 제공하는 독립형 서비스로 운영되었으나 점차 발전하여 지금은 드라마 등 방송 프로그램과 연계된 연동형 T커머스(T-commerce, TV를 통한 상거래) 형태에까지 이르렀다.[10]

또 지금까지의 연동형 서비스는 재방송 중에만 제공되었던 것과 달리 최근에는 본방송 중에도 가능해졌다. 채널 A와 제휴한 신세계TV쇼핑이 예능 프로그램 〈개밥 주는 남자〉를 통해 본방송 중에도 원하는 제품을 구매할 수 있는 연동형 T커머스를 선보인 것이다.[11]

2) 매장에 들어서기만 해도 주문이 가능하다: 비콘

매장 운영에도 이미 다양한 IOT 기술이 활용되고 있다. 전시된 제품의 재고 감소를 알려주는 스마트 진열대, 물류 흐름을 추적하는 전자태그(RFID, radio-frequency identification) 센서, 쇼핑객이 상점에 들어오면 개인화된 디지털 쿠폰을 보내주는 비콘beacon이 그 예들이다.

비콘은 주위에 있는 스마트 기기를 자동으로 인식하여 필요한 데이터를 전송할 수 있는 무선통신 장치다. 근거리 무선통신 기술인 NFC(near field communication)가 20cm 이내에서만 작동하는 반면, 블루투스 기술을 이용한 비콘은 최대 70m까지 데이터 전송이 가능하다. 비콘 기술을 이용하면 쇼핑센터, 음식점, 박물관, 미술관, 영화관, 야구장 등을 방문한 고객의 스마트폰에 할인 쿠폰이나 특정 브랜드에 대한 홍보 자료를 보낼수 있다.

스타벅스의 '사이렌 오더 서비스'는 비콘을 활용하여 소비자의 불편을 해소한 좋은 예라 하겠다. 스타벅스는 커피를 주문하고 기다려야 하는 번거로움을 해소해주고자 고객이 매장 안에 들어서면 비콘이 고객의 위치를 감지, 모바일 앱을 통해 미리 주문과 결제를 하고 기다릴 필요 없이 바로 커피를 받을 수 있게 했다.[12]

비콘의 용도는 매장에서 고객 방문을 추적하고 쿠폰을 제공하는 것이 전부가 아니다. 가장 관심을 끄는 부분은 무선 결제다. 기존의 모바일 결제가 전자상거래에 특화된 것이라면 비콘은 오프라인 매장에서의 결제 방식을 바꿀 전망이다. 지불을 위해 계산대 앞에서 줄을 길게 설 필요 없이 상품을 쇼핑백에 넣고 매장을 나가는 것만으로도 결제가 가능하기 때문이다.[13] 이처럼 새로운 기술들 덕에 소비자의 구매 체험 역시 계속 변화할 전망이다.

이제 리테일은 옴니채널로 변한다

언제 어디서나 온라인과 오프라인 멀티채널을 통한 쇼핑이 가능해짐에 따라 리테일 현장에서의 시간과 공간 개념도 흐려지고 있다. '추가 매장 확보 → 양적 성장 달성'이라는 전략에 한계를 느낀 오프라인 양판점들은 온라인 매장을 강화하면서 멀티채널 확보에 주력하고 있다. 이들의 온라인 매장은 온라인 쇼핑환경에 특화된 경쟁사에 비해 오프라인 매장의 장점을 가상 공간 안에 최대한 구현하려는 특징이 있다.[14]

중국 e커머스 업체인 알리바바Alibaba 그룹의 회장 마윈马云은 온라인에서 가상현실(Virtual Reality, VR) 서비스를 제공하면서 실제 매장에서 제품을 보는 것과 유사한 체험을 온라인상에 구현하기 위한 시도를 시작했다. 2017년부터 세계 주요 백화점의 가상스토어를 구축해 가상공간에서 상품 구경부터 결제까지 가능한 '바이플러스Buy+'의 시범 서비스를 개시한 것이다.

한국에서도 현대백화점이 자사 온라인 몰에 VR 기술을 적용한 'VR 스토어'를 개장했다. VR 기기로 매장에 접속하면 실제 매장을 걸어다니는 듯한 현장감을 느낄 수 있을 뿐 아니라 선호하는 제품에 시선을 고정할 경우엔 해당 제품의 정보까지 제공된다. 기존의 인터넷 쇼핑이 사진과 글로만 이루어진 제품 정보를 제공하는 데 그치는 반면 VR 스토어는 마치 백화점을 방문한 것 같은 체험을 고객에게 선사하는 것이다.

이처럼 지금 시대의 기업들은 기존 고객의 이탈 방지와 동시에 새로운 고객 확보를 위해 오프라인 매장과 온라인을 넘나드는 존재감을 가져야 한다. 가상공간인 온라인의 세계는 이제까지 글로벌global이라고 불리던 쇼핑 세계보다 더 넓고 더 많은 사람에게 접근 가능하다. 온라인은 이미 SNS, 모바일 광고, 서치엔진 등에서 최근의 O2O(on to off line, 온·오프라인을 연결한 마케팅)까지 그 영역이 날로 확대되고 있어 리테일 전반에 대한 총체적 계획과 새로움을 통해 흥미를 유발할 수 있는 지속적인 아이디어가 필요하다.

아울러 제품 탐색, 구매, 배송, 애프터서비스까지 구매 전 단계에서 일관된 서비스의 질과 브랜딩을 유지함으로써 소비자의 애착을 형성할 수 있어야 한다. 고객의 재구매율과 재방문율이 비즈니스의 자산인 상황에서 어느 한 단계라도 소홀히 하면 소비자는 떠나기 쉽고, 한번 떠난 소비자를 다시 돌아오게 하기 위해서는 더 많은 노력이 필요하다.

무인 매장이
진화한다

업무 출장 때마다 자주 들렀던 미국 JFK 공항 게이트 앞에는 개방형 매장 형식의 식당이 있다. 이 식당의 특이한 점은 주문을 받는 홀 서빙 인력이 없고, 그 대신 손님들이 테이블에 설치된 태블릿PC의 전자메뉴 eMenu 앱을 통해 주문하고 자신의 신용카드 번호를 입력하여 결제하는 자동화 시스템을 갖추고 있다는 것이었다. 종업원이 있긴 했지만 그 역할은 오직 준비된 음식을 손님에게 가져다주고 자리를 정리하는 것에 한정되어 있었다. 당시 필자는 태블릿PC 판매에 전력하고 있던 시기라 이것이 무인 매장의 초기 단계임을 인식하기보다는 이 식당에 설치되어 있던 경쟁사 제품에 더 관심이 있었다.

2012년 이전부터 이러한 서비스가 존재했던 것으로 기억되는데, 중요한 것은 사실 우리가 인식하기 훨씬 오래전부터 무인 매장을 향한 다양한 연구와 시도가 이미 진행되고 있었다는 것이다. 매장 무인화의 궁극적 목적은 당연히 인건비 삭감을 통한 획기적인 운영비 절감이다. 기존의 저가 경쟁이 공급업체를 압박하여 구매단가를 낮추는 데 주력하는 형태였다면 이제는 첨단 기술을 활용하여 매장 운영의 근본 요소를 바꾸는 데까지 진화한 것이다.

1) 판매사원을 대체하는 구매 프로세스

최근의 고객들은 애플스토어 같은 특정 제품의 전문점에서 진질하고 세련된 서비스를 제공받는 방식을 선호한다. 이것이 요즘의 고객이 선호하는 방식이라는 것은 이론異論의 여지가 없다. 하지만 대형 양판점(슈퍼마켓, 마트 등 다양한 상품을 대량으로 파는 소매점)이 주는 가격 메리트 때문에 양판 매장을 선호하는 소비자층도 존재한다는 사실을 잊어서는 안 된다. 대형 양판점은 비용절감을 위해 판매사원의 수를 최소화했으나, 매장이 넓고 제품의 종류 또한 다양해서 소비자는 무엇을 어떻게 골라야 할지 몰라 막막한 경우가 많다. 이럴 때 모든 것을 소비자의 선택에 맡겨버리기보다는 소비자가 구매의사를 결정하는 과정을 구조화(프로세스화)해서 제공하는 것이 좋다. 후자의 경우에는 매출 상승이라는 결과로 이어질 가능성이 높기 때문이다.

쉬운 예로 북미에서 선풍적인 인기를 끌고 있는 투티후르티Tutti Fruti나 요거베리Yogurberry 등 프로즌 요거트 아이스크림 바 매장을 들 수 있다. 여러 종류의 캔디를 자신이 원하는 만큼 고르고 총 무게에 따라 가격을 지불하는 캔디 가게들처럼, 투티후르티나 요거베리 역시 고객이 프로즌 요거트 위에 원하는 토핑을 얹고 총 무게를 측정해서 계산하게 하는 방식을 적용했다. 고객의 이해와 편의성을 제공하기 위해 매장 입구에는 요거트 아이스크림을 구매하는 순서 및 방법을 설명한 표지판이 있다.

이런 구조화의 예는 좀 더 복잡한 고관여 제품(high involvement product, 고가의 제품 또는 구매 후 자신에게 큰 영향을 끼치는 제품)에서도 찾아볼 수 있다. 유럽의 대형 전자유통업체인 딕슨 카폰Dixon Carphone 그룹은 영국, 스웨덴 등지에서 업계 1위를 차지하는 강력한 양판 체인점으로 매장을 운영할 비용과 판매 마진을 아껴 소비자에게 저렴한 가격으로 제품을 판매하겠다는 전략을 내세웠다. 그에 따라 오프라인 매장의 인력을 줄이고 효율화하는 작업을 하여 현재는 TV 코너의 판매사원이 한두 명에 불과하다.

판매인력이 만드는 부가가치는 업셀링up-selling이다. 업셀링은 소비자가 당초 매장에서 사려고 생각해뒀던 것보다 상위의 제품을 구매하도록 소비자를 설득하는 과정을 일컫는다. 즉, 보통의 상품보다는 프리미엄에 가까운 고마진 제품을 권하여 판매하는 것이 판매인력의 기능인 것이다. 그런데 이런 인력을 줄이거나 없애다 보니 기업들은 업셀링의 기회도 놓치는 경우가 늘어나기 시작했다.

이 문제를 해결하기 위해 딕슨이 고안한 것이 바로 'TV를 고르는 여섯 가지 쉬운 단계6 easy step'다. 딕슨은 TV를 구매하려는 소비자들의 의사결정을 돕기 위해 '화면 크기→화질→기술→스마트TV→사운드→그 밖의 필요한 것'의 여섯 단계로 구조화한 과정을 제공함과 동시에, 소비자가 각각의 기능들을 확인해본 후 원하는 모델을 고를 수 있도록 했다. 여러 가지 어려운 기술들을 쉽게 설명하여 보여주고 선택하게 함으로써 좀 더 고급 제품을 사도록 유도하는 것이다. 딕슨은 이렇게 구조화된 가이드를 매장 스크린뿐 아니라 온라인 쇼핑 사이트에도 적용함으로써 매출 상승을 유도하고 있다.

실제로 딕슨은 'TV를 고르는 여섯 가지 쉬운 단계'를 매장 벽면에 설치한 후 프리미엄 제품의 매출이 15% 이상 상승하는 효과를 거뒀다. 단순히 낡은 TV를 교체하러 왔던 손님도 이 단계들을 걸쳐 TV를 고르면서 대형 TV, 고화질 TV, 커브드(curved, 곡면) TV의 기술 등에 대한 지식을

▲ 딕슨이 오프라인 매장에 설치해놓은 'TV를 고르는 여섯 가지 쉬운 단계'(출처: 딕슨 홈페이지).[15]

얻었고, 결과적으로는 더 좋은 기능의 TV을 선택하는 등의 업셀링 효과를 얻은 것이다. 이처럼 구매 프로세스의 구조화는 매장 판매인력의 효율화로 인해 상실되는 업셀링 기회를 다시 살리면서, 소비자에게는 좀더 명확한 가이드를 제시한다는 측면에서 반드시 필요한 작업이다.

2) 장바구니 없는 스마트 쇼핑

한국 유통업체 1위인 롯데는 최근 미래형 스마트 백화점 구축을 위해 스마트 쇼핑에 박차를 가하고 있다. 롯데백화점은 2015년 10월 SK텔레콤과 손잡고 분당점 식품 매장에 백화점 업계 최초로 카트나 바구니 없이 단말기로 쇼핑할 수 있는 '스마트 쇼퍼' 서비스를 도입했다. 고객은 바코드 스캐너 단말기인 '쇼퍼'를 들고 식품 매장을 둘러보며 자신이 구매하려는 상품의 바코드를 찍으면 된다. 쇼핑 중에는 매장 이곳저곳에 설치된 '오더 뷰어order viewer' 장비를 통해 자신이 바코드를 찍은 상품들의 품목 및 수량을 확인할 수 있고, 매장을 모두 둘러본 뒤 출구에 위치한 무인

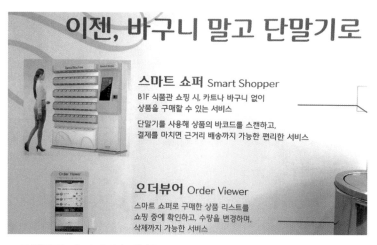

▲ 롯데백화점 '스마트 쇼퍼' 서비스 안내문.

계산대에서 자신이 선택해놓은 상품 중 실제로 구매할 상품을 최종 선택하고 결제하면 원하는 날짜, 장소에서 물건을 배송받을 수 있다.[16]

3) 의사소통도 가능한 로봇 판매사원과 인공지능의 쇼핑 가이드

일본의 식당들 중에는 사람이 아닌 로봇이 "이랏샤이마세!(어서오십시오!)"라고 인사하는 곳이 흔하다. 페퍼Pepper라는 이름의 이 로봇은 일본의 소프트뱅크로보틱스Softbank Robotics와 프랑스의 로봇 개발회사인 알데바란 로보틱스Aldebaran Robotics가 공동으로 2015년 개발한 '세계 최초의 감정을 가진 퍼스널 로봇'으로, 음성과 태블릿PC를 이용하여 사람과 커뮤니케이션이 가능하다. 일간지 신문 광고에서도 페퍼로봇 렌털 광고를 쉽게 볼 수 있는데 매월 70만 원 정도의 비용으로 36개월간 대여가 가능하다고 한다.

유럽 최대의 전자유통 업체인 미디어마트Media Mart는 이미 매장 내에 터치스크린 기능의 모니터가 부착된 로봇 '트러스티Trusty'를 도입, 고객들로 하여금 자신이 찾고 있는 물건의 위치와 세일 정보를 쉽게 알 수 있게 했다. 트러스티는 터치스크린을 통해 고객과의 쌍방향 커뮤니케이션이 가능하다. 판매원을 대신하는 이러한 접객로봇은 향후에도 계속 진화할 것이라 예상된다.

최근 몇 년간 자주 들리는 말 중 하나가 "쓰리고(3고)의 시대가 왔다."라는 것이다. 쓰리고(3고)란 아마존고Amazon Go가 대표하는 커넥티드 기반의 무인화, 게임 '포켓몬고'로 대표되는 증강현실, 그리고 알파고로 대표되는 인공지능을 활용한 다양한 가이드를 뜻한다.

▶
소프트뱅크로보틱스와 알데바란로보틱스
가 공동 개발한 세계의 최초 감성로봇 페퍼
(ⓒ Tokumeigakarinoaoshima).

의류업체 노스페이스North Face는 IBM 왓슨IBM Watson을 적용한 개인 맞춤진 쇼핑 '엑스퍼트 퍼스널 쇼퍼Expert Personal Shopper' 서비스를 시작했다. 언어로 이루어진 수많은 지식정보를 축적하고 이를 분석하는 알고리즘과 머신러닝 기술(machine learning, 저장된 데이터를 이용하여 컴퓨터가 스스로 학습할 수 있도록 한 기술)을 적용한 슈퍼컴퓨터인 IBM 왓슨은 인간의 자연어 질문에 알맞은 정제된 답을 실시간에 가깝게 제공한다. 가령 소비자가 이번 가을 로키산맥에 가서 입을 재킷을 원한다고 입력하면 그 시기와 그 지역의 기후 정보에 근거하여 적합한 재킷의 리스트를 보여주는 식이다. 즉, 소비자가 자신이 원하는 제품을 찾기 위해 마치 인간과 대화하듯 자연어 질문을 던지면, IBM 왓슨은 그 소비자에게 가장 적합한 제품을 찾아주는 것이다. 노스페이스의 이 서비스는 PC와 모바일 모두에서 이용 가능하다.

미국의 백화점 메이시스Macy's 역시 IBM 왓슨과 손잡고 실시간 메신저 서비스를 2016년 하반기부터 시작했다. 페이스북 메신저를 기반으로 하는 이 서비스를 통해 소비자는 메이시스 매장 내의 특정 상품 모델의 위치와 재고 수량을 문의하고 이에 따른 안내를 실시간으로 받을 수 있다.[17]

소비자가 오타를 입력하더라도 맥락에 맞게 질문을 이해하고 원하는 답을 제시하는 것도 머신러닝 활용에 따른 장점이라고 할 수 있다. 다양한 플랫폼과 방대한 데이터를 통해 정확한 해답을 찾아주는 인공지능에 힘입어 소비자들은 앞으로 더욱 풍부하고 편리한 리테일을 경험하게 될 것이다.

국내에서는 현대홈쇼핑이 챗봇의 수분을 2017년 3월부터 상용화하고 있다. 웹이나 앱을 사용하는 주문과 달리 챗봇은 고객과의 일대일 대화가 가능하고 한정 판매, 마감임박 등의 표현을 세팅하여 고객의 구매의사를 실제 구매로 이끄는 효율적이면서도 강력한 도구가 될 수 있다.

4) 본격 무인 매장 시대의 시작

세계 최대 전자상거래 업체인 아마존은 무인 상점 '아마존고'의 시범 매장을 2016년 12월 5일 미국 시애틀에 개점한 데 이어, 공식 1호 오프라인 매장도 2017년 상반기 중 영국 런던 중심가에 오픈할 예정이라 한다. 인공지능의 핵심 기술인 딥 러닝(deep learning, 컴퓨터가 저장된 데이터를 이용하여 스스로 학습할 수 있도록 한 기계 학습 기술)을 적용한 아마존고는 점원 없이도 쇼핑이 가능한 상점이다. 스마트폰으로 아마존고 앱을 실행하고 상점에 들어간 고객이 본인 인증을 한 뒤 자신이 원하는 물건을 들

▲ 미국 시애틀에 위치한 아마존고 매장(ⓒ SounderBruce).

고 나오면 자동으로 계산과 결제가 완료된다. 아마존고에서는 매장 내의 카메라가 사용자의 동작을 추적하고 고객이 진열된 상품을 집어 들면 카트에 담긴 것으로 인식한다.

국내 e커머스 기업관계자는 "아마존고는 직접 쇼핑하는 오프라인의 장점을 온라인의 플랫폼 편의성에 차용하는 혁신적인 시도로 향후 온·오프라인의 경계를 무너뜨리는 촉매 역할을 할 것"이라고 전망했다. 미국의 정보기술 전문매체인 〈더 버지The Verge〉 역시 "아마존고는 기존의 매장과는 다른 미래 지향적인 스마트 매장의 성격을 가졌다."고 평가했다.[18]

무인 매장의 장점은 인건비를 포함한 매장 운영비를 획기적으로 절감할 수 있다는 것이다. 미국의 경우 마트 및 식료품점의 평균 직원 수가 평균 89명인 데 반해 아마존고의 직원 수는 6명에 불과하여 인건비 절약이 가능하다. 이를 통해 아마존고는 20% 이상의 영업이익을 기대하고 있는데, 미국 식료품점의 평균 영업이익률이 1.7%, 아마존의 영업이익율이 1% 정도임을 감안하면 대단한 수준임을 알 수 있다.

아마존고와 같은 무인 매장이 영업이익 확대를 포기하고 재래식 양판 매장과 본격적인 가격 경쟁에 돌입한다면 기존 유통에는 커다란 위협이 될 것이 분명하다. 소비자 입장에서는 계산하기 위해 줄을 설 필요가 없고 좋은 제품을 저렴한 가격에 살 수 있다는 장점이 있다. 무인 매장이 본격적으로 확산되기에는 사회·제도적 문제가 있는 것이 현실이지만, 매장 내 운영인력들의 매출 기여도가 매장 무인화로 인한 예상 이익률을 상회하지 못한다면 양판 매장의 판매사원은 점점 찾아보기 어려워질 것이나.

VR 마케팅

🏷️ '가상현실'로 번역되는 VR은 virtual reality, 즉 실제 같은 환경을 3D로 구현하는 기술을 통칭하며 시공간의 제약으로 체험하지 못하는 부분을 3D 콘텐츠, 3D 헤드셋 등을 통해 체험하게 만드는 기술이다. 현재 VR은 시공간적 한계를 허물어 소비자가 구매를 결정할 수 있게끔 최적화된 환경을 구현하는 데 적용될 전망이다.

푸조Peugeot는 2015년 제네바 모터쇼에서 VR을 활용한 솔루션을 선보였다. VR 헤드셋을 착용한 고객이 차 안에서 시트 또는 대시보드의 컬러나 재질 등의 사양을 결정할 수 있는 이 솔루션은 화질과 공간감의 수준이 상당하다.

포드Ford의 경우에는 신모델인 '피에스타'의 모바일 카탈로그에 VR 기술을 적용했다. 휴대폰을 통해 다운받은 모바일 카탈로그를 VR 헤드셋 착용 상태에서 살펴보면 해당 차량의 외관을 마치 실제로 보는 듯한 경험을 할 수 있다.

▲ 포드가 VR 기술을 적용하여 선보인 모바일 카탈로그(출처: http://ford-cb.solution-server.com).

다쏘 시스템Dassauld Systèmes에서 제공하는 '홈바이미Home by me'는 'VR 기술을 이용한 몰입형·인터랙티브 인테리어 디자인 솔루션'이다. 홈바이미에서는 실제와 동일하게 꾸며진 3D 환경에서 각 방을 이동하며 가구와 바닥재, 벽지의 재질 및 조명 등을 자신의 취향에 맞게 바꾸고 비교하며 시뮬레이션을 해볼 수 있다. 이러한 경험을 토대로 사용자는 리모델링이나 인테리어 디자인 등에서의 시행착오를 줄일 수 있을 뿐 아니라 온라인상에서 인테리어 기업 및 전문가와 연결하여 자문

▲ 다쏘 시스템이 신보인 '홈바이미'(출처. https://home.by.me/en).

을 구하거나 협업하는 것도 가능하다. 이케아IKEA 역시 가상의 쇼룸에서 직접 가구를 배치하며 자신의 인테리어를 디자인할 수 있는 '이케아 가상현실 체험IKEA VR Experience'를 도입했다.

VR 기술은 앞으로도 여러 분야에 적용될 수 있다. 가령 부동산 거래와 관련된 VR 솔루션이 개발된다면, 주택을 매입하려는 사람은 굳이 매물을 살펴보기 위해 직접 찾아가서 확인할 필요가 없어질 것이다. VR 솔루션을 통해 언제 어디서나 실제와 가까운 공간감을 느끼면서 매물을 살펴본 뒤 의사결정을 할 수 있을 것이기 때문이다. 이렇듯 VR 기술은 기존 거래 방식에 따르기 마련이었던 여러 시공간적 제약을 없애줄 것이고, 그로써 여러 거래 유형 및 방식에도 큰 변화를 불러일으킬 것으로 전망된다.

실물을 보지 않고 구매하는 최초의 리테일: 우편판매

카탈로그를 보고 마음에 드는 상품이 있으면 우편으로 주문하는 우편판매mail order 방식은 영국에서 1861년 프라이스 앤 프라이스Pryce & Pryce가 웨일즈산産 플란넬 원단을 팔면서 시작되었다. 미국에서는 몽고메리 와드Montgomery Ward가 1870년, 자신의 이름을 딴 최초의 우편판매 유통업체를 설립하면서 이 방식이 대중에게 알려졌다. 와드는 세일즈맨으로 여러 지방을 돌아다니던 중, 시골 사람들이 도시의 편의품을 사려면 그 지역에 들어오는 리테일러(유통업자)를 통해야만 한다는 점에 착안하여 우편판매 시스템을 도입했다.

사실 당시의 우편판매 시스템과 오늘날의 온라인 판매 시스템은 그 개념이 동일하다. 즉, 판매자와 구매자의 중간 유통을 줄여서 판매자에게는 더 많은 마진 확보, 구매자에게는 합리적 가격의 제품 구매를 가능케 하겠다는 것인데, 와드 역시 이런 믿음을 가지고 있었다.

미국의 우편판매 제도는 광대한 영토와 철도망의 발달에 힘입어 빠른 속도로 발전했다. 사람들은 배달된 카탈로그를 본 뒤 자신이 사고자 하는 상품을 우편으로 주문하고, 구매한 상품은 기차역에서 전달받았다.

몽고메리의 첫 카탈로그는 가로 20cm, 세로 30cm 크기의 종이에 163개 상품을 가격 정보와 함께 담은 형태였다. 손으로 직접 적은 단 한 장짜리 복사지였던 것이다. 그러다 1883년에는 1만 개의 아이템을 소개하는 240페이지짜리 '위시북wish book'으로 성장했으니, 우편판매라는 새로운 유통 방식이 사람들의 삶을 얼마나 윤택하게 해주었을지 상상이 가능하다. 이후 위시북은 1891년 시어스Sears, Roebuck and Company의 카탈로그로 발전하여 1990년대 초반까지 이어졌다. 그러나 판매 및 이익 감소에 따라 1993년, 시어스는 일반 제품의 카탈로그 판매를 중단했다.

RETAIL MARKETING 4.0

PART 02

소비자의 마음을
사로잡는
리테일 마케팅

04

왜 다시 리테일 마케팅인가?

리테일 마케팅이란 실제 판매가 이뤄지는 매장 안에서 판매를 활성화하기 위해 행하는 광범위한 마케팅 활동을 말한다. 기업은 구매가 직접 이루어지는 리테일 매장에서 소비자들에게 제품을 보여주는 '전시'의 단계를 넘어 소비자가 직접 제품을 '체험'하는 다양한 활동을 시작했다. 소비자가 찾아오는 곳에 기업의 마케팅 메시지를 전달하고 소비자의 구매 결정을 높이기 위한 여러 활동을 전개하는 것이 결국 마케팅의 제1순위라고 생각한 것이다.

우리가 야구경기에 열광하는 이유 중 하나는 일거一擧에 경기를 뒤집는 홈런의 묘미 때문이다. 야구의 끝내기 홈런처럼 2등 브랜드가 혁신적인 신제품을 선보이며 시장의 판도를 단번에 뒤집는 것은 사업을 하는 모든 이들의 로망이다. 그런데 여기서 한 가지 근원적인 질문을 해보자. 과연 혁신적인 제품을 개발하여 시장에 내놓기만 하면 판매는 저절로 따라오는 것일까?

2016년 LG전자가 야심차게 출시했던 G5 휴대폰은 주변 기기를 본체에 연동시키는 세계 최초의 모듈폰으로 국내외 언론들로부터 매우 긍정적인 평가를 받았다. 출시 전 G5는 '스마트폰 1.5시대를 연 제품'으로 불리며 바르셀로나에서 매년 열리는 세계 최대 규모의 모바일 전시회인 모바일 월드 콩그레스의 혁신 부문 32개 상을 휩쓸어 기대를 모았다. 그러나 막상 뚜껑을 열자 기대 이하의 판매 실적을 보였다. 일각에서는 초반 수급률 문세로 공급이 부독해신 것이 그 이유라고 분석하기노 했시만, 생산이 정상화된 후에도 G5의 판매는 개선되지 못했다.

도대체 왜, 무엇 때문에 이런 일이 벌어지는 것일까? 그것은 바로 브랜드 인지도, 고객 충성도, 유통 장악력을 통칭하는 판매 능력의 차이 때문이라 할 수 있다. LG는 일체형 스마트폰이 대세인 시장 트렌드와는 다른 혁신적인 제품을 만들어내긴 했으나 소비자에게 제대로 그것을 알리기 위한 마케팅 활동, 소비자가 혁신적인 제품을 체험해볼 기회 제공 등의 면에서는 부족함을 드러냈다. 다시 말해 소비자들로 하여금 매장에서 제품의 혁신성을 쉽게 이해하고 체험하게 하려는 리테일 현장에서의 경험과 노력 부족이 G5 성공의 걸림돌이었던 것이다. 월등하게 우수한 제품을 개발하면 마케팅은 별로 필요하지 않을 것 같지만, 혁신적인 제품일수록 고객들에게 익숙하지 않아 고객의 마음을 얻기 힘들다는 것은 제품 개발자들이 꼭 유의해야 하는 사실이다.

좋은 제품이 판매를 보장한다는 마케팅계의 오래된 패러다임은 '이미 제품을 사려는 사람들은 많고, 경쟁 제품이 상당 수준의 소비자 인지도를 확보해놓은 시장이 있다'는 기본 전제가 있었기에 지속되어올 수 있었다. 고만고만한 제품들로 끝없는 가격 경쟁에 시달리는 브랜드들은 너 나 할 것 없이 혁신적인 제품을 경쟁자보다 먼저 시장에 내놓기를 간절히 희망하지만, 설사 그런 제품을 제일 먼저 출시했다 해도 그 생소한 제품을 소비자에게 이해시키지 못하여 고전한다. 마케팅의 새로운 패러다임에 적응하지 못하면 판매는 따라오지 않기 때문이다.

마케팅의 새로운 패러다임이란 '혁신적인 제품 개발에는 반드시 인지도 확보를 통한 시장을 창조하는 작업이 같이 진행되어야 한다'는 것이다. '인지도 확보+수요 창출'로 대변되는 시장창조 작업이 가시적인 성과를 얻으려면 판매 현장에서 판매력을 극대화하기 위한 리테일 마케팅이 뒷받침되어야 한다.

혁신적인 제품 개발과 판매 능력은 제각기 따로 존재하는 것이 아니다. 따라서 평소 이러한 부분에 꾸준히 투자해놓지 않으면 신제품이 개발되었을 때 '바람'을 기대할 수도 없다. 판매는 상품 기획, 개발, 생산, 광고, 유통 확보, 매장 관리, 영업활동 등 모든 기능이 유기적으로 결합된 종합 예술이다.

리테일 마케팅이란 무엇인가?

이미 모두가 알고 있듯이, 시대가 변하면 소비 패턴이 달라지고 그에 따라 리테일 환경 또한 진화한다. 세상은 계속 변화할 것이기에 미래에 어떤 분야가 유망할지 정확히 예측하기는 어렵다. 하지만 앞으로도 리테일의 형태와 관계없이 소비자들은 계속 매장을 방문할 것이고, 그들의 마음을 사로잡아 매출을 늘리는 것이 리테일러와 마케터들의 변하지 않는 숙제가 될 것임은 분명하다.

"마케팅이 필요하다." 혹은 "마케팅을 잘한다."라고 할 때의 마케팅이란 '소비자의 잠재된 욕구를 자극하여 실제로 그 물건을 필요로 하게끔 만드는 수요 창고 활동'을 뜻한다. 하지만 마케팅의 역할을 좀 더 깊이

들여다보면 그 외에도 '상품과 용역을 생산자로부터 소비자에게 원활히 이전하기 위한 판매 촉진 등의 비즈니스 활동'이 포함됨을 알 수 있다. 한마디로 마케팅이란 기업이 제품을 소비자에게 판매하기 위해 기획하는 모든 활동인 것이다. 기업이 소비자를 만나는 곳인 리테일 매장은 이런 의미에서 마케팅 활동의 시작점이자 마케팅의 성패가 좌우되는 '결전의 장'이라 할 수 있다.

리테일 마케팅을 보다 구체적으로 내용을 살펴보기 전에, 소비자가 매장을 방문했을 때 기대하는 바가 무엇일지 생각해보자. 소비자의 기대치와 기업이 제공할 수 있는 서비스를 먼저 생각하는 것, 이것이 바로 리테일 마케팅의 변하지 않는 가치이기 때문이다.

리테일 마케팅이란 실제 판매가 이뤄지는 리테일 매장 안에서 판매를 활성화하기 위해 전개하는 광범위한 마케팅 활동을 일컫는다. 가게 입구에 놓인 큰 광고판, 상품 앞에 걸려 있는 가격표, 계산대 바로 옆에 있는 소품 등 눈으로 볼 수 있는 요소뿐 아니라 브랜드에서 전달하고자 하는 메시지와 전략에 맞게 매장 외관과 제품 전시를 보완하는 것, 브랜드를 대표하는 인력을 매장에 배치하여 신제품의 시연을 진행하는 것, 더나아가 마케팅 메시지를 고객들에게 직접 전달하는 것 등 매장 공간에서 일어나는 기업의 모든 마케팅 행위가 바로 리테일 마케팅인 것이다.

소비자의 환경이 변하면
마케팅도 변한다

소비자는 필요에 따라 다양한 형태의 리테일에서 물건을 구매한다. 때문에 리테일 마케팅 역시 각각의 구매 환경을 고려하고 그에 맞춰 설계 및 전개되어야 한다.

소비자가 상품에 대한 정보를 얻거나 상품을 구매하는 채널이 다변화하면서 기존 미디어의 광고 효과가 급격히 떨어지고 있다. 예전에는 대형 전광판이나 신문, TV 등 광고하는 곳도 정해져 있고 그 효과도 일정했다면 현재는 소비자가 다니는 장소가 다양해지고, 온라인에서의 이동 및 터치 포인트도 많아졌다. 결국 마케팅 비용은 계속 상승하는 추세다.

이러한 문제를 해결하기 위한 노력의 일환으로 기업은 소비자가 오는 곳에 마케팅 메시지를 전달하고 소비자의 구매 결정을 높이기 위한 다양한 활동을 시작하게 되었다. 이것이 마케팅의 첫 번째 요소임을 깨달은 것이다.

그에 따라 소비자의 구매결정과정을 단계별로 정확하게 파악하여 거기에 맞는 맞춤형 서비스를 얼마나 잘 제공하는지가 마케팅의 중요 요소로 떠올랐다. 오프라인 매장은 고객이 구매에 앞서 꼭 한 번 체험하고 싶어 하고 판매사원의 서비스에 추가 비용을 지불할 용의가 있는 제품에 주력해야 한다. 리테일러들이 매장을 찾아오는 재미가 있는 곳으로 개선시키지 않으면 고객들은 매장이 위치한 몰이나 번화가까지 나올 만한 가치를 느끼지 못할 수가 있는 것이다.[19]

▲ 미래의 쇼룸이라 불리며 효과적인 리테일 마케팅 사례로 꼽히는 아우디시티(출처: 아우디 홈페이지.

　런던의 아우디 매장인 '아우디시티AudiCity'는 좁은 매장 공간을 활용한 가상현실 자동차 매장으로 유명하다. 이전의 자동차 매장들이 차를 직접 보고 타는 데 초점을 맞춘 것에 반해 아우디시티는 고객들이 대형 디스플레이와 터치테이블을 통해 직접 차종을 선택한 후 자동차에 대한 최신 정보를 검색하여 얻을 수 있도록 했다는 점에서 효과적인 리테일 마케팅 사례로 꼽힌다.

　실제 자동차가 전시되어 있는 것은 아니지만 고객들은 아우디시티에서 제공하는 디지털 체험을 통해 자동차의 부품, 외관 등 차량의 내부까지 꼼꼼히 볼 수 있고 실제 주행하는 것과 같은 경험을 해볼 수 있다. 또한 디스플레이를 만질 때 전문 딜러들의 도움을 받아 기능 및 내부 옵션들을 가상으로 체험해볼 수 있다. 이러한 서비스를 경험해본 고객의 20%는 애초에 계획했던 것보다 많은 옵션을 선택하여 차량에 장착했다는 통계도 있다. 임대료나 인건비 등의 이유로 작은 매장에 소수의 모델만을 전시하면 다수의 고객을 만족시킬 수 없다는 한계를 극복하기 위한 아우디시티의 이런 시도는 결과적으로 다른 매장보다 높은 매출 성과로 이어졌다.

리테일 임파워먼트란?

리테일 마케팅은 결국 소비자가 제품을 직접 보거나 접하는 장소를 어떻게 최적화할 것인가에 초점이 맞춰진다. TV, 신문, 잡지 또는 모바일 등에서 진행되는 제품의 광고 캠페인과 매장에서 만나는 실제 제품이 다르다면 소비자는 제품에 대한 기대와 신뢰를 내려놓을 수밖에 없다.

이런 점에서 리테일 마케팅은 출시 전 제품의 인지도와 잠재 수요를 최대한 끌어올리기 위한 티저 광고teaser advertising나 버즈 마케팅buzz marketing과도 다르다. 광고를 보고 찾아온 소비자가 매장에서 제품을 직접 경험하게 하는 것, 광고의 콘셉트를 실제 매장에서 전달하는 메시지와 일치시키는 것은 그래서 중요하다. 기대를 가지고 찾아간 매장에 재고가 없거나 혹은 전시되어 있는 제품이 관리 소홀로 먼지만 뒤집어쓰고 있다면 소비자는 제품 구매 여부에 대해 다시 생각해보게 될 것이다. 설령 제품의 전시가 훌륭하다 해도 불친절하거나 훈련되지 않은 판매원을 만난다면 그 또한 마케팅 측면에서는 재앙에 가까운 일이다.

때문에 리테일 임파워먼트empowerment, 즉 매장에서 제품 판매에 필요한 모든 역량을 강화하고 최적화하는 활동이 이루어지지 않는다면 모든 마케팅은 무의미하다고 해도 과언이 아니다. 판매는 상품 기획, 개발, 생산, 광고, 유통 확보, 매장 관리, 영업활동 등 모든 기능이 유기적으로 결합된 종합 예술이다.

리테일 임파워먼트는 '판매가 이루어지는 매장이 모든 영업활동의 기본이 되어야 한다'는 생각에서 출발한다. 이는 크게는 고객과의 접점인 매장에 영업·마케팅 역량을 집중하여 경쟁력을 극대화하는 것, 작게는 매장 운영의 핵심 요소인 전시, 판매인력에 대한 교육 및 동기부여에 집중하는 것을 목표로 한다. 그러므로 리테일 임파워먼트는 마케팅보다 현장성이 강조된 개념이라 할 수 있다. 마케팅은 '원활한 판매를 위한 기획, 시장조사, 상품화 계획, 선전, 판매촉진 활동'을 의미하는 개념이기 때문이다.

또한 리테일 임파워먼트는 리테일 마케팅에 유통 관리와 영업 활동의 연계를 강화한 총체적인 접근이다. 매장의 제품 구색과 제품의 전시 상태를 관리하며, 직원들을 교육시키고, 마음을 움직이는 다양한 판매 기법을 동원하여 매장을 방문한 소비자로 하여금 물건을 사게 만드는 행

▲ 리테일 임파워먼트 개념도.

위인 것이다. '얼마나 일사불란하게 매장까지 판매에 대한 준비가 완료되고 판매 상황에 대한 즉각적인 인지가 가능한가'라고 표현될 수 있는 리테일 임파워먼트는 기업의 마케팅 활동에 있어 실행execution 능력 수준을 보여주는 바로미터와도 같다.

최근의 기업 내 조직이 방대해짐에 따라 마케팅 부서와 판매 부서를 구분하는 경우가 흔한데, 리테일 임파워먼트는 마케팅과 판매부서를 연결하는 역할을 한다. 성공적인 리테일 마케팅이 효율적인 리테일 임파워먼트로 진화했을 때 리테일 판매가 극대화되는 것이다.

리테일 임파워먼트의 성공 사례

리테일 임파워먼트의 목적은 반짝 성과를 올리고 끝나는 것이 아니라 가능한 한 많은 매장이 '황금알을 낳는 거위'처럼 매일 지속적인 판매성과를 올리도록 하는 것이다.

삼성전자에서 본격적인 의미의 리테일 임파워먼트 개념이 처음 등장한 곳은 휴대폰 사업을 담당하는 무선사업부였다. 일반적으로 휴대폰 제조업체의 판매 전략은 통신사업자나 지역 총판(national distributor, 제품을 구입하여 소규모 2차 거래선에 공급함) 등 1차 거래선에게 제품만 공급하고, 제품과 관계된 마케팅·소매 유통 판매 등에 대해서는 그들에게 전권을 일임하는 형태였다. 휴대폰이라는 제품의 특성상 '개통', 즉 통신업자가 제공하는 요금 서비스 체계의 선택 없이는 소비자에게 제품을 공급할 수 없기 때문이었다.

1) 노키아의 성공 비결

이러한 무선제품 판매의 리테일 임파워먼트는 핀란드의 노키아Nokia가 중국 시장에서 미국 모토롤라Motolora의 아성을 무너뜨리기 위해 유통을 직접 관리·강화하는 새로운 시도를 하면서 주목받기 시작했다. 노키아가 시도했던 프로세스는 이제 무선제품 영업의 표준으로 자리 잡아 현재는 대부분의 휴대폰 제조업체들이 자신들의 전략적인 의사결정이나, 유통업체들의 요청에 의해 판매기획원merchandiser나 판촉사원promoter이라는 이름으로 매장 관리 인력을 운영하고 있다.

① 1단계(2003년): 지역총판 내 자체 인력 전진 배치

2003년 하반기부터 노키아는 지역총판에게 제품을 판매sell in하고 채권 관리만 하던 기존의 방식에서 벗어나 자체 영업 조직을 구성하여 소비자 접점을 공략하기 시작했다.

▲ 시장 진입 초기 단계의 통신유통 내 노키아 제품 재고의 흐름.
1차 거래선인 총판에 전적으로 의존하는 모습을 보여준다.

② 2단계(2004년): 2차 거래선 직접관리, 유통영업 강화

자체 영업인력을 유통 내에 전진 배치하여 어느 정도 판매 개선 효과를 거둔 노키아는 2004년부터 2차 거래선의 영업활동을 직접 관리하기 시작했다. 막연히 지역총판의 영업활동에 기대기보다는 자체 영업조직을 구성하여 판매sell out를 적극 독려하는 방식으로 시장에 개입한 것이다. 이는 곧바로 그 효과를 보이며 노키아가 2004년 중국 시장에서 시장점유율 1위에 오르는 데 기여했다.

③ 3단계(2005년): 거래선 다변화, 유통 통합 관리

노키아의 유통 영업 관리가 소기의 성과를 거두긴 했지만 여기에는 지역총판의 2차 거래선만을 대상으로 한다는 한계가 있었던 것이 사실이다. 노키아는 이 문제를 해결하기 위해 지역총판의 유통망에서 벗어나 지역총판 관리 유통, 통신사업자 유통, 전자제품 양판점으로 거래선을 다변화하여 영향력을 늘려나갔다. 그 결과, 유통 다변화를 시작한 2005년에 20% 수준이었던 노키아의 시장점유율은 2년 만에 두 배 가까이 신장되었다.

2) 삼성전자의 새로운 시도

삼성은 여러 분야에서 애플과 경쟁하고 다양한 제품군과 강력한 브랜드를 갖고 있지만 '고객(유통업체)과 경쟁하지 않는다'는 기본 전제하에 자체 유통망 추진보다는 리테일 임파워먼트에 집중해왔다. 삼성은 특히 소비자가 있는 곳, 소비자가 물건을 사는 곳, 매장까지 상품을 선달하는 경로인 유통 관리에 많은 노력을 하고 있다.

삼성전자 무선사업부가 미국 베스트바이와 진행한 SWAS 프로젝트는 전자 양판 매장에 제조업체 전담 판매코너와 전담 판매원을 상주시킨 것으로, 삼성전자가 미국 내 리테일 매장에 적극적으로 개입한 새로운 시도였다. 이 프로젝트는 기획부터 실제로 1,000여 개 매장에 적용을 완료하기까지 채 1년이 걸리지 않았을 만큼 놀라운 추진력을 보여 업계를 깜짝 놀라게 했다. 또한 설치 후 베스트바이에서 삼성전자 무선사업부 제품들의 매출이 두 배 가까이 늘어나면서, 삼성 TV사업부 및 여러 경쟁사에서 벤치마킹한 성공 사례가 되었다.

▲ 2013년 5월, 오픈 준비가 한창인 뉴욕의 삼성 SWAS.

고객관계관리 CRM

Customer relationship management의 약자인 CRM은 우리말로 '고객관계관리'라 한다. 기업이 고객과 관련된 내외부 자료를 분석·통합해 고객 중심 자원을 극대화하고 이를 토대로 고객의 특성에 맞게 마케팅 활동을 계획·지원·평가하는 과정이다.

CRM은 최근에 등장한 데이터베이스 마케팅DB marketing의 일대일 마케팅one-to-one marketing, 관계 마케팅relationship marketing에서 진화한 요소들을 기반으로 등장했다. 고객 데이터를 세분화하고 그에 따라 신규고객 획득, 우수고객 유지, 고객가치 증진, 잠재 고객 활성화, 평생고객화 등의 사이클을 마련하여 고객을 적극적으로 관리 및 유도하는 것이다.

CRM은 단순히 고객과의 관계를 관리하는 것이 아니라 '고객 특성'에 기초한 차별적 마케팅 및 서비스 전략을 구사하는 것이다. 여기에서의 '고객 특성'이란 고객군群을 행태, 니즈, 가치로 세분화하고 고객의 구매 패턴을 분석하는 것이다.

따라서 CRM의 궁극적 목적은 고객들을 VIP나 VVIP 등의 우량고객과 그렇지 않은 고객으로 나누어 차별화된 서비스를 제공하는 타깃 마케팅이다. 잠재 고객에게는 재구매를, 우수 고객에게는 업셀up-sell이나 크로스셀cross-sell, 우량 고객에게는 맞춤형 서비스를 전개하여 결과적으로는 고객의 가치 증대와 매출 극대화라는 두

매스 마케팅	타깃 마케팅 (세그먼테이션 & 타깃팅)	일대일 마케팅 (하나의 세그먼트)

▲ 세그먼테이션 & 고객관계활동 발전 단계

마리 토끼를 잡고자 하는 것이다. 따라서 불특정 다수를 대상으로 하는 매스mass 마케팅에서 특정 세분 집단을 대상으로 하는 타깃 마케팅으로, 여기에서 다시 개별 고객에 특화된 일대일 마케팅으로 진화·발전된다.

싼 가격을 중심으로 생긴 리테일: 체인점

체인점은 하나의 브랜드명을 매장의 이름으로 정하고, 본사의 경영 방침에 따라 여러 곳의 각기 다른 매장에서도 통일된 아이덴티티를 가지는 전국 유통망을 말한다. 초기의 체인점은 전자제품 전문점, 식료품 전문점, 의류 전문점 등 특정 분야에 주력했지만 점차 발달하여 최근에는 많은 종류를 취급하는 형태로 대형화되고 있다.

체인 유통의 시조는 1858년 첫 매장을 연 미국의 식료품 체인 A&P로 볼 수 있다. A&P는 150여 년간 식료품 리테일을 운영해온 회사로 1915년에서 1975년까지 미국에서 가장 큰 식료품 유통업체였다. 1859년에 조지 길먼George Gilman이 길먼컴퍼니Gilman Company라는 이름으로 뉴욕에서 커피와 차를 파는 소규모 매장으로 시작했고, 몇 개의 체인점으로 발전하였으나 1952년에는 가맹점 수가 4,000여 개에 이르렀으며 식품 제조까지도 직접 하는 회사로 탈바꿈했다.

이 회사는 미국인 생활에 깊게 자리 잡은 식료품 쇼핑의 원조로, 1875년에 이미 16개 주에 매장을 가지고 있었으니 현재의 월마트Walmart 같은 개념의 대형 양판점이었다고 볼 수 있다. 또한 A&P는 자사 브랜드의 커피, 설탕 등을 판매하기도 했으니 자체 브랜드 상품, 다시 말해 PB상품private brand product의 원조라고도 할 수 있겠다.

후에 울워스F. W. Woolworth Company 등 모던한 형태의 매장을 가진 체인점도 등장했다. 체인점의 가장 큰 특징은 여러 점포들이 한 유통을 통해 물건을 구매하기 때문에 백화점이나 소규모 독립 매장에 비해 낮은 가격으로 물건을 구매하고 팔기가 쉽기 때문에 가격 경쟁력이 높다는 것이다. 체인점은 이후 더욱 높은 가격 경쟁력을 갖기 위해 임대료가 낮은 땅에 박리다매를 위한 대형 매장을 여는 형태로 발전했다.

05

리테일 임파워먼트로
성공한 기업들

유통은 제품을 생산자에서 소비자에게 전달하는 파이프라인 같은 역할을 하기 때문에, 유통 파트너(거래선)을 개발하고 판매에 적극적으로 개입하는 것 또한 리테일 임파워먼트의 주요 부분이다. 리테일 임파워먼트로 성공한 많은 기업들이 우선적으로 시도했던 것은 새로운 유통망의 개척이다. 소비자에게 상품을 최대한 노출시키지 못하면 판매 확대가 불가능하기 때문이다.

마케팅의 시작은 소비자가 제품과 서비스를 만나는 접점을 늘리는 일, 즉 유통망을 개척하는 것이다. 내 힘이 모자라면 적합한 파트너를 찾아 힘을 빌려야 하고, 또 유통망을 새롭게 뒤집고 갈아타는 창조적인 플레이도 할 수 있어야 한다. 그러면 어떻게 유통망을 개척해서 판로를 확보하고, 또 그렇게 확보된 유통 매장에서는 어떻게 제품 점유율을 높일 수 있을까?

쉽게 생각할 수 있고 또한 자주 사용되는 방법은 경쟁사보다 높은 마진을 보장해주거나, 제품을 독점적으로 공급해주거나, 공격적인 가격 정책을 전개하는 것이다. 하지만 이는 경쟁사 또한 쉽게 따라 할 수 있는 것들이라 궁극적인 해결책이 될 수 없다. 매장을 운영하는 오프라인 유통처의 경우엔 제한된 매장 공간 때문에 SKU(stock keeping unit, 매장에서 재고를 운영하는 모델 단위) 선정에 보수적인 태도를 보이는 경향이 있다. 또한 기존에 공급받았던 A사의 제품 판매 실적이 기대치를 밑돌거나 그 경쟁사인 B사가 유사한 제품을 출시하면 A사의 제품을 매장에서 빼고 B사 제품으로 교체하는 경우도 비일비재하다. 이러한 문제를 궁극적으로 해결하려면 공급사와 유통처 서로의 가려운 곳을 정확히 파악하여 해결해주는 원-윈 전략이 필요하다.

리테일 임파워먼트로 성공한 많은 기업들이 우선적으로 시도했던 것은 새로운 유통의 개척이다. 소비자에게 자사 상품을 최대한 노출시키지 못하면 판매 확대가 불가능하기 때문이다. 그래서 많은 글로벌 기업들은 유통의 변혁을 통한 리테일 임파워먼트로 세계적인 마케팅 전략을 세우고 실행했다. 몇 가지 사례를 통해 글로벌 기업들의 리테일 임파워먼트를 살펴보자.

소비자에게 직접 전달해라: 자체 유통 개척

1) 자체 유통을 통한 혁신적 체험 공간의 시도: 애플

2001년 5월, 애플의 직영 매장이 미국에서 문을 열었다. 제조업체가 직접 판매를 담당하는 직영점vertical marketing system 형태의 유통은 통신업계에서는 흔히 보이지만 선진국의 전자 양판업계에서는 드문 일이었다. 과거 소니Sony가 이를 시도하기는 했으나 매장 수가 매우 적어 그 존재감이 미미했을 뿐 아니라 성공 스토리를 만들지도 못했다. 이러한 회의적인 전망과 기존 유통의 반발에도 애플이 직영매장을 추진한 이유로는 두 가지가 있었다.

첫 번째는 기존 유통망에 대한 불신이다. 아무리 훌륭한 제품을 개발해도 유통의 벽을 넘지 못해 판매로 이어지지 못하는 사례를 경험하면서 유통처들이 자사 제품의 가치를 인정해주지 않는다는 생각을 하게된 것이다. 따라서 애플은 '유통처를 설득하기보다는 고객을 직접 공략하는 것이 효과적'이라는 결론에 이르렀고 자신들은 다른 누구보다 이를 잘해낼 수 있을 것이라 믿었다. 애플스토어는 그러한 자신감에 기초한 것이라 할 수 있다.

두 번째 목표는 점점 떨어지는 애플의 컴퓨터 시장점유율을 높이는 것이었다. 이를 위해 애플은 기존 컴퓨터 판매점과 달리 멋진 인테리어와 친절한 안내사원, 상품을 직접 작동해볼 수 있는 전시대를 애플스토어의 차별점으로 내세웠다. 즉, 교육과 서비스 그리고 판매를 결합한 새로운 사용자 경험을 디자인한 소매점을 선보였는데, 이는 갈수록 전화와 인터넷 주문에 의존하는 업계의 트렌드에 정반대로 맞서는 것이었다.

▲ 애플스토어 고객 응대 모습(출처. 애플 옴페이시).

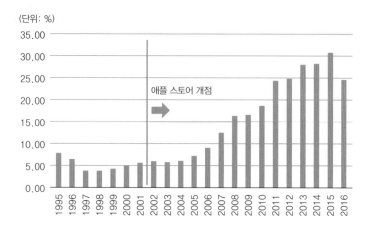

(단위: %)

애플 스토어 개점

▲ 애플 컴퓨터의 미국 시장점유율 추이(출처: IDC).

　　자체 유통이라는 새로운 혁신을 한 지 15년이 지난 애플스토어는 모두의 전망과 달리 기존 유통처들의 반발을 무난히 극복했을 뿐 아니라 리테일 스토어 운영의 대표적 성공 사례로도 언급되고 있다. (뒤에서 자세히 다루겠지만) 애플스토어 성공의 핵심 요인은 '소비자가 원하는 것은 가격이나 브랜드를 보고 구매하는 것이 아니라 구매 과정의 기대감과 체험을 통한 고객 만족, 그리고 그것을 가능케 하는 소통'임을 정확히 읽어냈기에 가능한 것이었다.

2) 자체 유통망을 통한 신제품 출시: 한국야쿠르트

2016년 한국 커피 시장의 가장 큰 화제는 더치커피Dutch coffee로 우리에게 먼저 알려진 '콜드브루cold brew' 커피 열풍이라 할 수 있겠다. 더치커피는 실온에서 찬물로 오랜 시간에 걸쳐 추출한 커피를 뜻하는데, 방식이 생소한 데다 위생 논란까지 생겨 한국에서는 자리를 잡지 못했었다. 하지만 한국야쿠르트가 미국 바리스타 챔피언십 우승자인 찰스 바빈스키와 손잡고 2016년 RTD ready to drink 타입의 '콜드브루 바이 바빈스키'를 내놓으면서부터 상황이 달라졌다. 이 제품은 신기술을 이용하여 커피 원액을 빠르게 뽑아내면서 열손상을 최소화해 쓴맛이 적고 개운한 향과 부드러운 맛을 가진 데다 가격 또한 커피 전문점 제품의 절반 수준이라 큰 인기를 끌었다.

이 제품이 단시간에 인지도를 높이게 된 배경에는 '야쿠르트 아줌마'로 대변되는 한국야쿠르트 배달망의 힘이 컸다. 직장인들은 하루 한두 잔 이상 커피를 마시지만 매번 카페에 갈 수는 없다는 것, 때문에 그들의 입맛에 맞는 커피를 제조하여 직접 배달하면 성공할 것이라는 예상이 적중한 것이다. 한국야쿠르트가 대규모 배달망을 활용한 노출도와 소비자 홍보 효과를 극대화한 덕분에 이 제품은 2016년에 매출 300억 원을 달성했고 1년 판매량 1,600만 병을 기록했다.

한국야쿠르트는 사업의 다각화를 위해 2010년 '코코 브루니'라는 프리미엄 디저트 카페 사업을 전개하며 카페 시장에 뛰어들었지만 2015년까지 매년 20~40억 원 규모의 영업적자를 기록하며 고전한 경험이 있었다. 시장의 반응은 좋았으나 시내 중심가에 직영 매장을 운영하면서 생긴 임대료 등의 고정비용 부담이 원인이었다. 이때의 실패를 발판으로 삼은 '콜드 브루 바이 바빈스키' 성공의 핵심은 신선도가 생명인 유제품을 판매하기 위해 한국야쿠르트가 기존에 구축했던 '야쿠르트 아줌마'라는 전국적인 네트워크망을 활용, 소비자들에게 직접 배달한 것이 있다.

경쟁자의 성공 전략을 따라하기보다 자신들이 잘하고 있는 것을 차별화 포인트로 활용했다는 것에서 이는 자체 유통망을 활용한 베스트 사례로 꼽을 수 있겠다.[20]

3) 맞춤화·개인화로 성공한 자체 유통: 아마존

세계 최초 및 최대 인터넷 서점이자 종합 쇼핑몰인 아마존의 로고 하단에는 스마일 모양의 화살표가 회사명 내에 있는 철자 a와 z를 연결하고 있다. 이는 'a부터 z까지의 모든 물건을 아마존에서 구입할 수 있다'는 의미를 담은 것이라고 한다.

다양한 품목의 판매에 집중하는 만큼 아마존은 '구매 이력을 활용한 개인별 맞춤 마케팅'을 자사의 강력한 고객관리 및 판매촉진 방법의 포인트로 삼았다. 맞춤형 큐레이션(curation, 상품 선별·추천) 서비스라 할 수 있는 개인별 맞춤 추천 기능은 지금은 한국에서도 쿠팡, 알라딘 등 모든 e커머스가 즐겨 사용하는 보편적 기능이 되었지만 그 시작은 1996년에 아마존이 처음 선보인 '북매치' 기능이었다.

북매치는 고객들로 하여금 자신이 구매한 책에 평점을 주도록 해 그들의 취향을 파악한 뒤 그에 맞춰 새로운 책을 추천하는 방법이다. 온라인에서 소비자의 구매와 열람 형태를 모니터링하고 기록하는 등 소비자 프로파일 분석에 근거하여 도서 추천 서비스를 제공한 것이다. 이후 아마존은 비슷한 책들을 산 소비자를 하나의 그룹으로 묶어 거기에 속한 사람들이 좋아할 만한 책을 찾아주는 '유사성 기능'의 테스트 버전을 만들어냈다. 고객들이 스스로 찾아내기 힘들 만한 도서들을 아마존이 먼저 제시해주는 이 기능은 눈에 띄는 매출 증가로 이어졌다.

단순한 세일 정보를 담은 DM을 발송한 경우와 고객의 과거 검색 및 구매 결과를 기반으로 추천 상품을 제공했을 때를 비교해보니 후자의 구매 전환율이 10~20% 높았다. 아마존 매출의 70%는 기존 고객의 재구매로 발생하는데 최근 한국에서 가장 각광받는 인터넷 쇼핑몰의 재구매율이 60%인 것을 생각하면 이는 매우 높은 수준임을 알 수 있다.

이후 아마존은 여기에서 더 나아가 추천에 필요한 상품과 상품의 관계성을 정의 및 분석하여 '상품 간 유사성'에 기반한 일대일 고객 맞춤형 추천 서비스를 구축했다. 지금도 아마존은 개인화 그룹이라는 조직을 만들고 수학, 통계학, 컴퓨터공학, 심리학 등을 전공한 수백 명의 전문 연구원을 포진시켜 관련 기술을 지속적으로 축적해가고 있다.

4) 자체 유통을 통한 소비자 취향 파악: 자라[21]

"자라 보고 놀란 가슴, 유니클로에서 산다."라는 말이 개그 프로에 나올 정도로 국내에서 탄탄한 입지를 굳힌 SPA 기업의 대표주자는 자라와 유니클로Uniqlo다.

자라는 스페인의 인디텍스Inditex 사의 브랜드 업체로 1960년 초에 설립되었다. 자체 공장의 제품을 판매하는 옷가게에서 출발했지만 지금은 전 세계 82개국에 3,100개의 매장을 가진 글로벌 브랜드로 미국의 갭Gap, 스웨덴의 H&M, 일본의 유니클로와 함께 대표적인 패스트 패션업체로 자리 매김하고 있다. 자라의 성공 비결을 간략히 살펴보자.

① 소비자의 요구에 따른 패션

메이저 패션 브랜드들은 시즌 시작 전 디자인 콘셉트를 정해놓고 패션쇼 및 광고를 통해 유행을 선도하는 데 반해 자라는 기본 아이템 위주로 총 디자인 수의 15~25%만 미리 생산하며 시즌을 시작한 뒤 나머지 75~85%는 고객들의 반응과 의견을 반영하여 2주 단위로 매장으로 출시한다. 시장에 즉각적으로 대응하는 이런 구조는 다품종 소량생산 정책과 함께 재고손실의 최소화에 크게 기여하고 있다.

② 글로벌 직영 전략

이렇게 시장의 피드백을 받아 제품을 공급하려면 고객 접점에 있는 매장 매니저가 수집·보고하는 시장 정보가 매우 중요하다. 그렇기 때문에 자라는 본사가 판매 접점까지 관리하는 일관된 정책으로 수직적 통합 시스템을 유지하고 있고 해외 진출 시에도 가능한 한 직영점 체제를 고수할 뿐 아니라, 프랜차이즈를 허용한 일부 국가에서도 본사의 매장 운영 방침을 그대로 따르게 한다.

③ 매장 내 고객 체험 강조

자라는 연매출의 0.3%만 광고비로 사용하고, 이를 통해 절약한 비용은 매장의 운영과 확대에 재투자한다. 경쟁사 매장의 경우 소비자들의 연간 방문 횟수는 4~5회임에 반해 자라 매장은 13회 정도인 것으로 나타났다. 이는 빠른 속도로 바뀌는 제품 라인업의 주기를 쇼윈도에 직접 반영하여 유동인구의 유입을 유도하고, 광고는 효율화하여 제품 노출도를 최소화함으로써 신제품에 대한 호기심을 자극하는 전략의 결과라 하겠다.

5) 제조에서 유통까지 일괄 통제: 유니클로

유니클로는 '유니크, 클로징 웨어하우스unique, clothing wearhouse'의 약자로 번역을 하자면 '독특한 의류 창고'라는 뜻이다. 유니클로는 제품의 개발부터 제조, 유통 및 판매의 전 과정을 본사가 일괄적으로 통제하는 생산 시스템을 바탕으로 '저렴한 가격에 좋은 퀄리티의 제품을 공급하는 회사'라는 이미지로 소비자들에게 인지도를 높여왔다.

① 대량생산과 대량판매

'1승 9패 전략', 말 그대로 아홉 번 실패해도 한 번 크게 성공하면 만회할 수 있다는 것이 야나이 다다시柳井正 유니클로 회장의 경영철학이다. 시즌별 히트상품 사전 개발 및 아웃소싱에 의한 대량생산·대량판매 전략은 다른 SPA 브랜드와 구별되는 유니클로만의 특징이다. 전 세계적으로 3억 장 이상의 판매고를 기록한 유니클로의 히트텍Heattech은 '모든 연령층의 고객들이 매일 입을 수 있는 옷'을 지향하는 유니클로의 경영철학을 상징하는 대표적인 케이스다.

② 박리다매 추구

제한된 품목으로 판매를 극대화하는 유니클로의 마케팅 정책은 '원자재의 대량구매로 인한 원가절감→완제품 판가 인하'의 선순환 구조를 만들있다. 경쟁사 대비 50~60% 수준인 유니클로의 가격정책은 불황기 소비자들의 마음을 흔들어놓았다. 앞서 소개한 "자라 보고 놀란 가슴, 유니클로에서 산다."라는 말은 자라 매장에서 가격과 '품절'에 실망한 고객이 유니클로로 발길을 돌리는 상황과 절묘하게 맞아떨어진다. 저렴한 가격의 좋은 퀄리티는 다른 제조 소매업의 SPA 브랜드와 비교해도 단연 돋보이는 유니클로만의 특징이다.

③ 해외시장 진출 전략

유니클로의 대표적 글로벌 전략은 '출점 전략'이라는 형태로 정리되는데, 이는 신규 진출국에 다수의 매장을 동시 개설하는 것이 아니라 한 점포씩 수를 늘려가는 방식이다. 동시에 유니클로는 런던, 파리, 뉴욕 등 해외 패션 중심지에 글로벌 플래그십 스토어를 개장함으로써 자사의 브랜드 이미지를 한층 더 끌어올릴 수 있었다. 이는 유니클로가 글로벌 브랜드로 계속 진화하는 과정에 있음을 알 수 있는 증거가 된다.

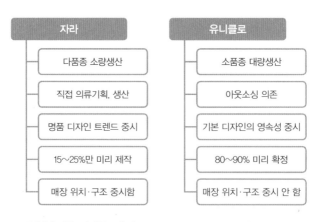

자라	유니클로
다품종 소량생산	소품종 대량생산
직접 의류기획, 생산	아웃소싱 의존
명품 디자인 트렌드 중시	기본 디자인의 영속성 중시
15~25%만 미리 제작	80~90% 미리 확정
매장 위치·구조 중시함	매장 위치·구조 중시 안 함

▲ 자라와 유니클로의 사업 모델 비교.

파트너 유통과
협력하라

유망 브랜드를 보유한 제조업체들은 애플스토어의 성공을 보면서 은연중 자체 유통망 보유를 꿈꾸게 되었다. 그렇다면 애플처럼 자체 유통망을 보유하는 것이 궁극의 답일까? 사실 이것은 많은 시간과 노력이 투자되는 지난한 작업일 뿐 아니라 자체 유통망의 정상 가동 전까지는 기존의 지역 공급망인 딜러와 대형 양판 채널의 반발로 인한 구매중단, 소송 등 역풍까지 각오해야 하는 일이다. 그럼에도 애플은 소위 '애플빠'로 불리는 강력한 충성 고객층을 바탕으로 아이맥, 아이팟, 아이폰, 아이패드 등 혁신적인 제품을 연이어 성공시켜 이를 극복한 특이한 사례라 할 수 있다.

히말라야를 등반하는 산악인들은 오랜 체력 훈련과 후원자 확보 등 철저한 계획과 준비를 하고 베이스캠프에 도착한다. 그러나 그것이 곧 성공적인 정상 정복을 보장하는 것은 아니다. 험난한 설산雪山을 오르려면 경험 많고 유능한 세르파sherpa를 만나야 하는 것도 결코 무시할 수 없는 요인이다. 세르파는 등반가에 앞서 루트를 구축하고 로프를 설치하여 등반가가 정상에 설 수 있도록 지원한다. 우리가 아는 많은 정상 정복 이야기 뒤에는 묵묵히 등반가를 조력한 세르파들의 노력이 있었다.

브랜드와 파트너 유통망의 관계 또한 이와 같다. 신시장 개척과 브랜드 론칭은 스스로의 판매 능력으로 추진 가능한 일이지만 이 경우 많은 투자와 시간이 요구된다. 브랜드 자체 유통망을 확보하고 있다면 이를 최대한 활용해야겠지만 대부분의 경우 그렇지 못하기에 파트너 발굴은 가장 먼저 해야 할 일이다. 성공적인 브랜드 론칭 뒤에는 유통의 도움이 있었다는 사실을 간과해서는 안 되는 이유가 여기에 있다.

1) 리테일 환경에 대한 이해 부족으로 실패한 사례: 구글

1998년 창업한 구글Google은 독자적인 검색 알고리즘을 개발하여 검색 시장을 장악하고 성장한 세계 최대의 인터넷 검색 서비스 회사다. 구글은 구글맵과 휴대기기용 개방형 운영 체제인 안드로이드 플랫폼을 발표, 애플과 함께 스마트폰 시장을 양분하고 있다. 또한 이에 그치지 않고 운전자 없이 인공지능 기술로 자동 운행되는 무인 자동차, 구글글래스로 대변되는 IOT 기기, 최근에는 알파고로 우리에게 친숙한 AI로까지 그 영역을 넓히며 그야말로 거칠 것 없는 행보를 보여주고 있다.

이런 구글도 아직 이렇다 할 성과를 거두지 못하고 있는 것이 있으니 스마트폰과 태블릿PC 사업인 넥서스Nexus다. 구글의 넥서스 시리즈는 자사의 안드로이드 OS 하드웨어 제조사의 기술을 바탕으로 생산되는데, 구글은 OS솔루션 공급자라는 지위를 십분 활용하여 항상 최신·최고의 하드웨어 사양을 제조업체에 요구했다. 게다가 넥서스 기기는 말 그대로 안드로이드의 표준이므로 안드로이드 앱 개발자들에게는 표준 제품으로 받아들여지고 있다. 구글 또한 새로운 안드로이드 버전이 출시될 때마다 적기에 업그레이드 지원을 해주었다.

이렇게 최강의 기기라고 말할 수 있는 넥서스 제품의 판매가 매번 부진하다 못해 미약한 이유는 무엇일까? 의외로 그것은 구글의 기업문화가 자유로운 상상을 기반으로 하는 소프트웨어 개발 사업에 최적화되어 있기 때문이다. 소프트웨어 개발과 달리 하드웨어의 판매는 세밀한 유통·판매 관리가 요구되는 일인데 구글이 이런 점을 이해하지 못했던 것 같다. 완제품을 판매하는 모든 업체는 기본적으로 엄격한 재고 관리를 요구하며 어떠한 형태로든 유통·공급망관리(SCM, supply chain management) 기능을 가지고 있기 마련이지만 필자가 경험해본 구글은 그와 거리가 멀었다.

2010년 처음 출시된 넥서스는 초반에 구글스토어를 통해 온라인에서 판매됐으나 극심한 판매 부진을 겪었고, 2012년에 진출한 오프라인 양판 매장에서도 소기의 성과를 거두는 데 실패했다. 리테일러와 가격·거래 조건을 협상하고 재고를 매장 전시대에 올려놓기만 하면 모두 수월해질 것 같은 게 리테일 사업 같지만 실상은 전혀 그렇지 않다. 다음과 같은 디테일에 대한 실무자 레벨의 이해도와 의사결정이 수반되어야 하기 때문이다.

① 복수의 유통 파트너들과 차별화된 판매 조건을 어떻게 만들 것인가?
② 어떤 확판(판매확대) 프로그램을 어떤 시기에 시행할 것인가?
③ 정상 판매 대비 판촉 활동에 따른 판매 수량은 어떻게 달라질 것으로 예상되는가?
④ 그에 따른 재고는 얼마나 확보해야 하는가?

하드웨어 제조사에서는 매일 무한 반복되는 이러한 예측 및 분석 업무를 회사의 경영층이 등한시하면 '판매 예측 오류에 의한 과다 재고'라는 아주 심각한 경영 문제에 봉착하게 된다. 구글의 유통 실패 사례는 이런 점에서 시사하는 바가 크다. 구글 넥서스의 실패는 '연구실에서의 기술 성과로 성공한 기업이 소비자를 직접 만나는 판매 현장의 중요성을 잘 알지 못해서 발생한 비극'이라 할 수 있다. 비즈니스에는 왕도가 없으며 현장과 기본에 충실한 것이 중요하다는 것을 다시 한 번 기억해둬야 하는 이유다.

하드웨어 사업을 대하는 구글의 속마음이 소프트웨어 개발자의 초심으로 돌아가는 것(구글 어시스트를 탑재한 인공지능 스마트폰)인지 아니면 현장을 중시하는 하드웨어 파트너인 제조업자의 피드백을 귀담아 듣는 것(자체 스마트폰 사업 강화)인지는 두고 봐야 알 일이다. 하지만 2017년에 새로 출시한 프리미엄 스마트폰 '픽셀Pixel'이 공격적인 판매 전개로 성공을 거둘지, 또는 넥서스처럼 차기 안드로이드를 시험 적용한 것에 불과한 기기로 남을지가 구글이 리테일의 문제를 어떻게 해결하느냐에 달려 있는 것만은 분명하다.

2) 유능한 파트너와의 협력이 빛난 사례: 뉴발란스

스티브 잡스가 신제품 발표 무대에 등장할 때마다 신고 나와 국내에도 잘 알려진 뉴발란스New Balance는 한국 시장에서 2007년 70억 원의 매출을 기록한 데 이어 2014년에는 19배인 5,000억 원으로 그야말로 폭풍 성장한 제품이다. 한국에서 올린 5,000억 원은 이 회사의 전 세계 매출액 23억 달러의 25%에 해당하니, 시장 규모와 짧은 역사를 고려할 때 대단한 성과라 할 수 있다. 아무리 미국 시장의 유명 브랜드라 해도 한국 시장에서 홀로 단기간에 이러한 성과를 내기는 어렵다. 이 성공 뒤에는 현지 머천다이저와 판매업체의 역량으로 시장 트렌드를 정확히 읽고 기민하게 대응했던 유통 전략이 있었다.

뉴발란스 미국 본사는 '메이드 인 유에스에이Made In USA'를 내세우며 현지에서 좋은 효과를 거두고 있는 애국 마케팅이 한국에서는 통할 수 없다는 한계를 파악하고 그 대신 10대를 타깃으로 잡았다. 이처럼 한국 시장에 맞는 맞춤 마케팅 전략을 세울 수 있었던 것은 뉴발란스의 국내 파트너가 바로 이랜드였기 때문이다. 청소년 및 대학생 대상의 의류매장을 오래 운영했던 이랜드는 그 경험을 바탕으로 10대를 겨냥한 마케팅 방향을 뉴발란스 미국 본사에 제안했고, 현장의 의견을 존중한 뉴발란스 경영층은 과감한 결단을 내림으로써 지금의 성공을 가능케 했다.

3) 파트너의 직원들을 나의 편으로: 비츠

2008년 베이징 올림픽, 팽팽한 긴장이 흐르는 수영 결승전. 한국의 박태환 선수가 시합장에 등장한다. 경기 전 누구의 방해도 받지 않고 집중력을 잃지 않겠다는 듯 헤드폰을 쓰고 있는 그의 두 눈에는 긴장한 빛이 역력하다. 그가 착용한 것은 비츠Beats의 닥터 드레Dr. Dre 헤드폰. 영업을 하는 사람이라면 그 모습이 박태환의 금메달만큼이나 뇌리에 남았을 것이다.

비츠는 경쟁사 보스Bose, 젠하이저Sennheiser 등이 비즈니스맨과 마니아층을 겨냥하여 삼음 세서 빛 고급 오니오 시기 누군의 고음질에 주력할 때

오히려 10대를 겨냥하여 헤드폰의 패션 브랜드화로 성공한 회사다. 스마트폰이 대중화에 따라 음원 스트리밍 서비스가 활발해지자 자연스럽게 고음질에 대한 대중의 욕구도 발생했다. 이러한 현상은 고음질 헤드폰의 수요를 증가시켰는데 비츠는 여기서 한 발 더 나아가 기능을 중시하는 헤드폰을 패션 아이템화하는 차별화 전략을 쓴 것이다. 그 결과 100달러 이상 가격대 제품에서는 미국 내 시장점유율 64%를 확보했고[22] 2014년에는 10대들이 가장 선호하는 헤드폰 1위(46%)를 차지하기도 했다.

비츠의 이러한 성공을 거두는 데 기여한 전략으로는 헤드폰을 패션 아이템으로 포지셔닝한 것, 가수 및 스포츠 스타 마케팅과 이들의 이름을 내건 한정판 스페셜 에디션 제품을 선보인 것을 들 수 있지만 '매장 판매사원을 활용한 고객 추천율 향상'도 빼놓을 수 없다. 비츠는 판매 파트너였던 전자 양판점의 판매직원들에게 사내 할인판매가로 자사 제품을 공급하여 그들이 저렴한 가격에 비츠의 제품을 직접 사용해볼 수 있게 했다. 이런 전략은 판매직원들 사이에서의 제품 인지도와 선호도를 향상시켰고, 더 나아가 그들이 고객에게 제품을 추천하는 비중 또한 높이는 선순환 구조를 만들었다. 비츠는 '고객의 마음을 잡으려면 판매사원의 마음을 먼저 얻어야 한다'는 기본에 충실한 접근 전략을 구사했던 것이다.

새로운 유통망을 만들어라: 파트너 유통 개척 사례

1) 약국에서 편의점으로 유통을 바꿔 성공: 비타500

동아제약의 '박카스'는 1961년 자양강장제라는 새로운 카테고리를 만들며 출시된 이후 단일 제품으로 50년 넘게 매출 1위를 지켜온 제품이다. 박카스의 아성을 물리치기 위해 그간 '구론산', '토코페롤' 등 비슷한 자양강장음료들이 더 좋은 성분을 광고하며 출사표를 던졌으나 박카스의 아성을 무너뜨리지는 못했다.

동아제약의 경쟁사인 광동제약은 IMF 이후 1999년 한 차례 부도 위기를 맞은 상황에서 훗날 회사의 명운을 바꿀 아이디어를 찾아냈다. '가루나 캡슐, 캔디로 물과 함께 복용하거나 사탕처럼 녹여 먹던 비타민을 약국뿐 아니라 약국 밖에서도 판매할 수 있는 음료 형태로 만들어보는 건 어떨까?'가 그것이었다. 이렇게 탄생한 광동제약의 '비타500'은 무카페인이라는 특성을 내세우며 의약외제품으로 확대되어 약국이 아닌 새로운 유통망을 개척할 수 있었다. 또한 '박카스를 찾아 약국에 오는 고객이 기존 중장년층이니 비타500은 편의점과 슈퍼마켓 등으로 유통시킨다'는 전략을 추가했다. 박카스가 독점하던 자양강장음료 시장에 10~20대 등 젊은 세대를 끌어들이기 위해 새로운 유통을 개척하기로 한 것이다. 더불어 비, 이효리, 소녀시대 등의 스타를 모델로 기용하고 게임·온라인 등의 채널을 활용한 마케팅 및 병뚜껑 경품이벤트 등의 프로모션을 전개한 결과, 비타500은 출시 5년 만인 2005년, 박카스 매출의 97%에 이를 정도로 성장하는 기염을 토했다. 동아제약은 이에 맞서기 위해 역시 의약외품 허가를 받은 '박카스 F'를 출시하고 유통채널도 약국 외 슈퍼마켓, 편의점 등으로 다양화했지만, 비타 500은 이미 연매출 1,000억 이상의 스테디셀러로 자리매김한 뒤였다.

2) 가전 유통을 넘어 가구 유통으로: 세리프 TV

삼성전자는 2013년 프랑스의 유명한 디자이너 부훌렉Bouroullec 형제에게 특별한 TV의 디자인을 의뢰했다. '아날로그 TV→디지털 TV'로 교체가 마무리된 2012년 이후 TV 시장이 정체되자 색다른 유통 접근을 통해 미래 성장 동력을 확보해야 한다는 필요성을 절실히 느꼈기 때문이었다.

부훌렉 형제는 TV를 마치 하나의 오브제 작품처럼 디자인했다. 주변과 어울리는 프레임과 선반을 가진 TV는 얇은 베젤(bezel, TV 테두리)과 종잇장 같은 두께를 강조하는 최근의 TV 디자인 트렌드에서 벗어난 것으로, 차가운 금속보다는 따뜻한 나무 질감을 부각시켰고 스탠드 역시 마치 젓가락을 TV에 꽂은 모습처럼 디자인하여 아날로그 느낌을 주었다. 이렇게 디자인된 부훌렉 형제의 역작이 세리프serif 문자 'T'를 닮았다해서 삼성은 '세리프 TV'라는 이름을 붙였다.

이 TV를 어떻게 팔아야 할까? 그전까지 삼성과 LG는 카림 라시드Karim Rashid나 아르마니Giorgio Armani와 손잡고 디자인 중심의 TV를 선보인 바 있으나 큰 성과를 보지는 못했다. 프리미엄 디자인 TV의 경우 일반 매장에 제품을 내놓으면 소비자에게 디자인 프리미엄으로 어필하기보다는 가격 면에서 다른 제품들과 비교되기 때문이다. 고가의 명품 가방이 명품

▲ 삼성전자 세리프 TV, 아날로그 감성의 디자인 콘셉트를 잘 나타내고 있는 제품 측면 사진(출처: 삼성전자).

관이 아닌 백화점 일반 매장에 놓여 있다면 소비자가 생각하는 가치 또한 매우 달라지는 것과 유사한 경우다.

이 새로운 TV가 일반 매장에 놓인다면 결코 프리미엄의 가치를 인정받을 수 없다는 것을 그간의 경험으로 알 수 있었다. 때문에 삼성은 세리프 TV가 전자제품이 아닌 고급 가구로 소비자에게 다가갈 수 있게 하기로 결정하고 그에 따라 일련의 론칭 작업을 준비하기 시작했다.

가구로 포지셔닝하기로 한 만큼, 신모델 도입 시 전자 유통업체들과 협업하던 기존의 관습도 과감히 버리고 새로운 유통을 개척하기로 했다. 파리의 유명 브랜드 편집매장인 콜레트Colette에서 론칭 파티를 열어 홍보하고, 세리프 TV 전용 마이크로 사이트에서 온라인 선주문pre-order 방식으로 판매를 개시하며 제품 출시 행사를 시작했다. 패션 피플들의 입소문을 타면서 칼 라거펠드Karl Lagerfeld 같은 오드 구뒤드haute couture 디자이너, 지드래곤으로 대표되는 국내외 유명 트렌드 세터들이 앞다투어 세리프 TV를 자택에 들어놓기 시작했다.

삼성은 초기의 입소문과 저변확대를 위해 유럽 도시 곳곳에 위치한 비트라Vitra, 헤이Hey 등 유명 가구전문 매장 및 백화점 가구매장에 세리프 TV를 유통시키기 위해 많은 시간과 공을 들였다. 또한 밀라노 디자인페어, 한국의 리빙디자인엑스포 등에 참가하여 세리프 TV가 갖는 오브제로서의 미학과 아름다움을 소비자에게 전달함으로써 갖고 싶다는 마음이 들게끔 했고, 아울러 해외 유명 가구 매장과의 계약을 통해 대행 판매 형식의 계약을 체결하여 세리프 TV의 전시 공간을 확보하는 것에도 힘썼다. 그 결과 세리프 TV는 패션과 유행을 창조하는 스타들이 사랑하는 TV가 되었다.

삼성은 기존에 선보였던 아르마니 TV 등 고급 디자인 제품들에서 경험했던 실패를 반면교사 삼아 상품 기획, 디자인, 유통, 판매 및 마케팅 등에서 그전까지와는 전혀 다른 것들을 시도하며 TV를 가구로 만들어내는 데 성공했다. 세리프 TV는 유수의 디자인 어워즈에서 디자인상을 수상하면서 '영감을 주는 제품' 등 지금까지의 삼성 TV 제품들이 받지 못했던 찬사를 받고 있다. 이처럼 삼성은 가장 잘하던 '일반 전자제품 유통망을 통한 제품 판매'를 포기하고 새로운 유통을 개척한 결과, 디자인 영역으로까지 시장 규모를 키움은 물론 소비자와 전문가 집단 모두에게 기존과 다른 이미지를 심어주며 최고의 결과를 얻을 수 있었다.

고객경험관리CEM

🏷️ 앞서 살펴봤던 고객관계관리, 즉 CRM은 고객의 소비패턴을 중점적으로 분석하여 차별화된 서비스를 제공하게 한다는 장점이 있는 반면 고객의 구매 과정 및 경험에 대한 관리가 소홀하여 고객을 총체적으로 이해할 수는 없다는 단점이 있다.

고객경험관리(CEM, customer experience management)는 이것을 해결하기 위한 것으로, 고객이 매장을 방문하여 물건을 구입할 때까지의 모든 과정을 기록하고 각 단계별로 무엇을 느끼는지 파악한 뒤 그것을 DB화하여 관리하는 기법이다.

CEM을 활용하면 매장 직원들은 방문고객에게 단순한 제품설을 넘어 각종 경험을 제공하게 되고, 이에 만족한 고객은 제품을 구매할 확률이 높아져 기업의 이익을 향상시키는 결과로 이어진다.

지금은 '고객에게 무엇을 말할 것인가?'가 아니라 '고객과 무엇을 함께할 것인가?'를 고민해야 하는 시대다. 지금의 고객들은 제품의 특징이나 성능만이 아닌, 해당 기업이나 브랜드가 제공하는 총체적 경험에 가치를 부여하고 그에 따라 지갑을 열고 있다. 때문에 고객경험관리는 앞으로도 한동안 기업의 성패를 좌우하는 중요한 차별화 요소가 될 것이라 예상된다.

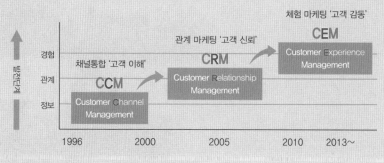

▲ 세그먼테이션 & CRM 발전단계와 VIP 고객 세분화

최초의 인터넷 쇼핑몰: 넷마켓

최초의 인터넷 쇼핑몰은 1994년 암호화를 통해 신용카드 결제를 가능케 한 넷마켓Netmarket이다.

1994년 8월 11일, 당시 갓 대학을 졸업한 대니얼 콘Daniel Kohn과 그의 친구들은 미국 뉴햄프셔 주 내슈어nashua에서 넷마켓을 설립하고 인터넷을 통해 처음으로 전자상거래 서비스를 선보였다. 콘에 따르면 상용 서비스에 적용 가능한 암호화 기술을 사용하여 전자상거래로 처음 거래된 상품은 영국 가수 스팅Sting의 4집 앨범 CD 'Ten Summoner's Tale'이었고, 최초의 고객은 스워스모어Swarthmore 대학을 다니는 콘의 친구로 신용카드를 이용해 12.48달러와 우송료를 지불해 이 CD를 구입했다고 한다.

재미있는 사실은 당시 인터넷을 통한 상행위는 1995년 봄까지 금지되어 있었다

최초의 인터넷 쇼핑몰 마켓에서 처음 거래된 상품은 영국 가수 스팅의 4집 앨범 'Ten Summoner's Tale'이었다.

는 것이다. 다시 말해 최초의 전자상거래가 불법이었다는 이야기인데, 어찌 되었든 〈뉴욕타임스The New York Times〉는 이 거래가 전자상거래 역사에서 기념비적 사건이었으며 넷마켓을 전자상거래의 역사를 만든 기업이라고 소개했다.

이후 제프 베조스Jeff Bezos는 유통기한이 없고 직접 제조에 관여하지 않아도 판매 가능한 아이템인 책을 판매하는 인터넷 쇼핑몰 아마존을 창업했다. 아마존은 이후 점차 취급 아이템을 늘렸고 지금은 명실상부한 e커머스의 중심으로 자리 잡게 되었다.

RETAIL MARKETING 4.0

PART 03

리테일 임파워먼트의 스킬

스킬

_성공적인 판매를 위한 전략

CHAPTER

06
소비자의 마음, 눈길, 발길을
사로잡는 스킬

매장 전시는 종합예술이다. 소비자의 발을 끌어들이고, 소비자의 눈을 사로잡으며, 소비자가 손으로 직접 만져보고 체험하게 하여 마음을 얻는 과정이기 때문이다. 단순 방문객을 구매 의사가 있는 잠정고객, 더 나아가 구매 고객으로 바꾸려면 소비자의 선택과 구매에 최적화된 공간 디자인, 제품의 가치를 구현하는 콘텐츠, 그리고 제품을 제대로 시연하고 소비자와 연결해주는 판매사원의 교육과 대본 스토리텔링 등의 요소가 하나의 테마하에 조화롭게 어우러지도록 구성되어야 한다.

마케팅은 간단히 말해 '소비자의 마음을 얻기 위한 여러 시도' 다. 광고부터 전시까지 우리가 행하는 이 모든 것들은 다른 제품과 대비되는 비교우위를 만들어 고객의 마음을 얻을 목적에서 시작된다. 하나를 오래 고민하거나 마음에 담아둘 시간이 없는 현대인에게 소비할 마음이 들게 하는 일은 매우 '찰나적이면서도 순식간intuitive'에 이루어져야 한다. 일단 보이는 것만으로 매장으로 발길을 돌리게 하고, 매장 안에서는 보는 것만으로도 물건을 들어 계산대로 향하게 하는 것, 이것이 리테일 임파워먼트의 중요한 스킬이다.

　그중에서 제품을 어떻게 '보이게 하여' 소비자의 마음을 끄는가와 관련된 것이 비주얼 머천다이징visual merchandising이다. 다시 말해 비주얼 머천다이징이란 상품을 진열하는 행위, 즉 상품을 보는 고객의 입장에서 그것을 사도록 만드는 시각적 매력을 복합적으로 표현하는 것이다. 의류, 식료품의 경우에는 세품이 너욱 싱싱하게 느껴지도록 색성을 돋보이게

하는 데 중점을 두지만 전자제품이나 자동차는 제품의 가치를 제대로
전달하여 구매로 연결되도록 매장 내 디스플레이를 최적화해야 한다.

소비자의 마음을 얻을 수 있는
매장을 만들어라

1) 취향과 개성이 드러나게 해라

오피스 빌딩이 집중된 선릉역 근처에 호젓하게 자리한 4층짜리 벽돌건
물. 이 건물 4~5층에는 색다른 서점이 있다. 제일기획에서 카피라이터로
부사장까지 오른 최인아 씨가 오픈한 이 '최인아 책방'은 일반 서점과 위

▲ 200년 된 방앗간을 개조한 미국 매사추세츠 주의 헌책방 '북밀(Bookmil)'. 온라인 서점과 대형
서점에 싫증을 느낀 고객을 대상으로 개성 있는 소형 서점이 늘어나고 있는 것은 비단 한국만
의 추세가 아니다.

치 및 분위기에서 차별화된다. 서점에 들어서면 유럽의 건물에서나 본 듯한 긴 창과 복층을 연결하는 계단, 그랜드피아노가 눈에 띈다. 서점이라기보다는 복합 문화공간에 가깝다. 커피와 케이터링 서비스를 이용하거나 간단한 공연을 즐길 수 있고, 책의 분류 기준조차 경제, 소설, 베스트셀러 등의 통상적인 것이 아니라는 점이 흥미롭다. '재미가 부족한 그대에게' '당신의 괜찮은 인생을 위해' 등 독자가 자신의 상황에 알맞은 책을 골라서 읽을 수 있게 한 것이다. 물론 주인이 자주 읽은 책을 모아놓은 코너도 있다.

'최인아 책방'이 판매하는 것은 취향과 개성이다. '광고든 책이든 생각을 파는 일'이라는 주인의 생각이 녹아 있는 이 서점은 높은 천장에 복층으로 배열한 서가와 클래식한 분위기가 어우러져 방문객들로 하여금 그곳에 머무르고 싶게 하고, 책을 읽고 사색하게 만든다.

홍대의 만화방과 만화카페도 이런 복합 문화공간으로 당당히 자리 잡아 젊은 세대를 유인하고 있다. '즐거운 작당'은 서가와 함께 벙커 형태의 개인용 다락방을 만들어 아늑한 분위기에서 만화도 보고 간식도 먹으며 휴식을 취할 수 있어 인기 만점이다. 지저분한 소파, 담배 냄새, 라면 냄새가 한데 엉켜 있던 1990년대의 만화방들이 저렴하게 시간을 보내는 공간이었다면, 만화카페로 한층 진화한 현재의 만화방은 깨끗하고 깔끔한 곳, 집보다 편안하지만 우아하게 책을 볼 수 있는 인테리어로 젊은 층을 사로잡고 있다. '편안한 개인용 독서 공간 제공'이라는 점에서 이전과는 다른 공간으로 인식되고 있는 것이다.

2) 오래 머무를 수 있는 복합 공간을 만들어라

2016년 9월 스타필드하남에 들어선 이마트의 육아용품 전문점 '마리스 베이비서클(이하 베이비서클)'은 개점 후 한 달간 6억 7,000만 원의 매출을 기록하며 당초 목표의 1.5배를 가뿐히 넘었다. 영업면적 3.3㎡당 월 매출은 250만 원이었는데, 이는 유아용품이 잘나가는 이마트 킨텍스점(90만 원)이나 가양점(60만 원)의 서너 배에 이르는 액수다. 이마트는 베이비서클의 성공 비결로 이유식 카페를 꼽는다. 부모가 아이에게 이유식을 먹이거나 커피를 마시며 쉴 수 있는 공간을 마련했더니 소비자들이 몰렸다는 설명이다. 상품 진열 공간은 줄었지만 오히려 매출이 늘어난 셈이다.

이마트는 이런 쇼핑 과학을 기초로 유아용품 매장 주변에 긴 의자와 간단한 놀이기구 등 휴게 공간을 늘리고 있다. 손자녀에게 적지 않은 돈을 쓰는 할머니 할아버지들이 이런 곳을 선호한다. 최근에는 부모뿐 아니라 양가 조부모, 삼촌(외삼촌)과 이모(고모) 등 아이 한 명을 위해 최소한 여덟 명의 주머니에서 돈이 나온다는 이른바 '1베이비 8포켓'이라는 말까지 생길 정도인데, 이를 방증이라도 하듯 2017년 1월부터 3월까지의 이마트 유아용품 매출은 전년 동기 대비 20.7%가 늘었다. 이는 같은 기간 이마트 매출 증가율(5.5%)의 네 배에 이르는 수치인데, 1인당 구매액은 60대 고객층에서 가장 높았다. 이마트 유아용품 매니저는 "출산율은 떨어지고 있지만 아이에 대한 가족의 관심은 더 커지고 있다."라며 "소비자들의 체류 시간을 늘리기 위해 휴식 공간을 더 확대할 계획"이라고 밝혔다.

이런 점에서 알 수 있듯 '매대 크기와 매출이 비례한다'는 기존의 쇼핑 원칙은 깨지고 있다. 상품을 많이 풀어놓을수록 장사가 잘될 것 같지만 꼭 그렇지만은 않다는 얘기다. 이제는 소비자를 많이 모아 오래 머물게 하는 것이 매출 증가로 이어진다는 새로운 쇼핑 과학이 매장 디스플레이의 기준이 되고 있다.

3) 시한부 마케팅으로 화제성을 극대화해라

하루가 다르게 달라지는 소비자의 관심에 신속히 대응하여 모객을 하는 기법 중 하나로 팝업 스토어_{pop-up store}를 들 수 있다. 팝업 스토어란 특별한 목적하에 빠른 속도로 공사를 마치고 한시적으로 반짝 열었다 닫는 매장을 말한다.

▲ 뉴욕 맨해튼에 오픈했던 갤럭시 노트 팝업 스토어. 갤럭시 노트 브랜드의 가치를 알리는 데 많은 도움이 되었다.

초기의 팝업 스토어는 기업들이 짧은 기간 동안 제한된 인원을 대상으로 하는 시한부 마케팅의 목적으로 운영되었으나, 최근에는 대부분 더 많은 사람에게 제품이나 브랜드를 알리기 위해 팝업 스토어를 마련한다. 수많은 신제품이 쏟아져 나오는 요즘에는 새로운 제품을 내놓아도 소비자가 인지하지 못하는 경우가 많다. 때문에 특정 연령대의 사람들이 많이 모이는 곳에 팝업 스토어를 열면 입소문을 통해 소비자에게 신제품 정보를 각인시키고, 이를 통해 광고 효과도 극대화할 수 있다는 장점이 있다. 대규모 투자를 통해 정식 매장을 오픈하기 전, 해당 브랜드나 매장의 콘셉트 및 시장 반응을 테스트해보기 위해 팝업 스토어를 활용하는 경우도 많다. 이러한 팝업 스토어는 운영 기간이 끝나면 쉽게 철수가 가능하므로 한 가지 트렌드가 오래 지속되지 않는 요즘의 상황에 잘 부합하는 형태이기도 하다.

팝업 스토어 방문객을 통한 입소문은 TV나 신문, 라디오 등을 통한 전통적인 마케팅 방식에 비해 그 효과를 정확히 측정하기 어렵지만, 더 많은 사람들에 의해 더 자주 언급되고 더 광범위하게 노출된다면 그만큼 더 큰 광고 효과를 거둘 수 있을 것으로 보인다. 특히 SNS상에서 특정 장소를 태그하는 체크인check-in 서비스가 일상화되면서, 팝업 스토어를 통한 입소문 마케팅은 효과적인 방식으로 여겨지고 있다.

4) 계절과 성수기에 맞춰 매장을 변화시켜라

계절 및 성수기는 마케팅에 있어 중요한 요소 중 하나다. 계절 특수를 활용하여 고객층이 많이 다니는 시기, 소비를 많이 하는 기간을 위해 특별

◀

세리프 TV를 활용하여 현대백화점에서 선보인 크리스마스 트리. 시즌 특수를 잘 활용하여 제품인지도를 높이는 효과가 있었다 (출처: 〈뉴시스〉 jc4321@newsis.com).

히 고안된 마케팅은 고객들의 마음을 훨씬 쉽게 잡을 수 있다. 어린이날과 명절 전후, 크리스마스 직전의 쇼핑몰이나 여름휴가 때 사람들이 몰리는 바닷가 등에서 어렵지 않게 이벤트 행사를 볼 수 있는 이유다.

대형 TV가 매출의 큰 비중을 차지하는 전자업체의 경우 짝수해와 홀수해의 매출 성장 목표 및 상·하반기 비중이 달라진다. 올림픽과 유럽컵 등의 스포츠 이벤트가 몰린 짝수해에는 대형 화면에서 HD 화질로 스포츠를 즐기고 싶어 하는 소비자가 늘어나므로 업체들은 주로 예선전과 스포츠 행사가 집중되는 5~8월 사이의 수요 증대에 대응하기 위해 상반기 비중을 45%까지 삽는다. 이벤트가 없는 홀수해에는 전통적인 세일

기간인 크리스마스와 블랙프라이데이가 집중된 하반기를 고려하기 때문에 상반기의 비중을 보통 40% 미만으로 잡는다.

앞서 언급한 삼성전자의 세리프 TV는 계절 특수를 보다 적극적으로 만들어냈다. 이 제품의 크기는 22~40인치로 여타 제품에 비해 상대적으로 작고, 고객이 매장에서 구매 후 직접 들고 갈 수 있도록 박스 패키지에 손잡이를 달았다. 갖고 싶은 디자인의 작은 크기인 세리프 TV를 크리스마스 선물 후보군으로 내세워 크리스마스 특수를 겨냥했던 것이다.

또한 크리스마스 시즌에 맞춰 현대백화점 판교점에는 대형 세리프 TV 트리가 로비에 자리 잡았고, 트리에 있는 25대의 세리프 TV에서는 크리스마스와 관련된 영상이 흘러나왔다. 트리 모양의 구조물과 세리프 TV가 어울려 크리스마스 분위기를 자아냄과 동시에 세리프 TV를 크리스마스 선물용 제품으로 떠올리게 하는 것이 이 트리의 제작 목적이었다. 해외에서도 이와 동일한 마케팅을 전개한 결과, 그해 세리프 TV는 오프라 윈프리Oprah Winfrey가 매년 발표하는 '올해의 크리스마스 선물 리스트'에 당당히 이름을 올렸다.

소비자의 눈길을 사로잡는 매장 전시 방법

매장은 소비자가 제품을 선택하는 공간이다. TV나 휴대폰 같은 일상적인 제품만 하더라도, 나란히 전시된 여러 제품들을 보면서 일반 소비자가 각 브랜드의 개성이나 제품들 간의 차이점을 발견하기란 쉽지 않다. 평판 TV의 디자인 차이라고 해봐야 베젤과 두께, 스탠드 정도만 다를 뿐이다. 스마트폰 제품들 역시 두께가 거의 유사하게 얇고 화면의 밝기 또한 비슷하여 중앙 버튼이 원형이면 애플 제품, 옆으로 긴 직사각형이면 삼성 제품이라는 정도만 구분이 가능하다. 이런 상황에서 소비자들은 당연히 가격을 가장 큰 구매요인으로 여기게 되어 싼 제품만 찾게 된다.

인간의 심리는 언제나 비교를 원한다. 내가 고른 상품이 최선의 선택임을 확신하기 위해서는 다른 상품과의 비교가 필수적이다. 특정한 원칙 없이 아무렇게나 제품을 진열해둔 매장에서는 무엇과 무엇을 비교해야 하는지 알 수 없어 선뜻 상품을 고르기가 어렵지만, 제품을 한곳에 모아 수평이나 수직으로 진열해놓으면 여러 상품들을 한눈에 비교하는 것이 가능해진다. 이런 과정을 통해 고객은 이렇게 많은 상품 중에서 자신이 최선의 것을 선택할 수 있었다는 사실에 만족감을 느낀다.[23] 때문에 매장 전시의 목적은 제품의 차별화를 강조함으로써 소비자가 제품에 주목하게 만드는 것이다.

1) 다른 상품과의 차별점을 전시해라

지금은 방수 기능이 프리미엄 스마트폰 내의 주요 사양으로 거의 자리를 잡아가고 있지만, 2014년 '갤럭시S5'가 방수 기능을 도입했을 당시의 소비자 반응은 한마디로 '정말 방수가 될까?' 하는 반신반의가 대부분이었다. IP67(방진 6등급, 방수 7등급으로 외부 먼지로부터 완벽 보호, 수심 15㎝~1m에서 30분까지 방수 가능)이라는 용어도 생경하고 '생활 방수'라는 말 역시 애매모호하게 느껴졌지만, 그렇다고 100만 원에 가까운 고가의 휴대폰을 직접 물에 넣어볼 정도로 용감한 소비자는 없었다.

하지만 휴대폰의 방수 기능은 소비자들이 오랫동안 기다려왔던 기능 중 하나였기 때문에 잘만 소구하면 경쟁사와 확실히 차별화할 수 있는 요소였다. 삼성에서는 오랜 내부 협의 끝에 매장에서 방수 기능을 시연하는 정공법을 쓰기로 했다.

'전자제품 매장에는 물이 담긴 용기를 전시할 수 없다'는 거래처를 설득한 삼성은 정상 작동되는 제품이 담긴 투명 플라스틱 수조를 전시한 뒤 소비자의 반응을 살폈다. 매장을 방문한 소비자 대부분은 수조 앞에서 발을 멈추고 신기하다는 반응을 보였다. 판매 추세를 살펴보니 해당 제품의 판매가 전시 이전보다 30% 정도 상승한 것이 확인되었다. 확실한 효과를 경험한 삼성은 판매결과로 거래처를 설득하여 이 전시를 전

▲ 방수 기능을 직접 확인할 수 있도록 한 갤럭시S5의 매장 전시.

▲ 볼링공 두 개도 끌어올릴 수 있는 파워봇의 강력한 흡입력을 시연한 전시(출처: 삼성전자).

유통처로 확산시켰다.

제품의 차별점을 부각시켜 판매에 성공한 또 다른 예로는 '파워봇'이 있다. 삼성에서 출시한 로봇청소기 파워봇은 기존의 로봇청소기의 약점을 개선한 상품이다. 기존 로봇청소기는 제품 두께를 얇게 하기 위해 흡입모터의 크기를 줄여서 장착했는데, 그러다 보니 흡입력이 약하다는 단점이 있었다. 이 점을 보완하기 위해 모터와 먼지흡입 방식을 개선, 기존 삼성 제품보다 40배 이상 강한 흡입력을 가진 제품으로 탄생한 것이 파워봇이다. 삼성은 '초강력 블랙홀 진공흡입'이라 이름 붙인 흡입력을 보여주기 위해 파워봇이 볼링공을 끌어올리는 전시를 전개하여 기존 및 여타 로봇청소기 제품들과의 차별점을 가시화했다.

전시를 통해 제품의 특정 기능을 강조하는 방법은 말이나 글로 설명하는 것보다 훨씬 효과적으로 소비자에게 제품의 특성을 이해시킬 수 있다는 장점이 있다. 전시의 핵심은 단순히 매장에 제품을 배치하는 것이 아니라 제품의 '특성'을 소비자들의 눈에 띄도록 보여주는 것이다. 이런 점이 잘 드러난 것이 바로 홈쇼핑 방송 프로그램이다. 홈쇼핑에서 제품을 팔기 위해 강조하며 보여주는 것은 대부분 소비자의 '눈'을 사로잡는 기능이나 특성이다. 직접 제품을 만져보거나 사용해볼 수 없는 소비자를 대신하여 차별성을 구체적으로 시연하면서 보여주는 것이다. 매장 전시 역시 소비자가 직접 눈앞에서 볼 수 있다는 점을 참고하여, 소비자에게 구매를 소구하는 차별성을 구체화하는 것이 필요하다.

2) 기능을 특화하여 소비자와 소통해라

2011년 아웃도어 의류 브랜드인 몽벨Mont-bell은 대동소이한 기존의 다운재킷 시장에 프리미엄 제품을 내놓으면서 '필파워fill power'라는 개념을 십분 활용했다. 필파워는 24시간 압축한 다운 1온스(약 28g)를 풀었을 때 부풀어 오르는 복원력으로, 수치가 높을수록 공기를 많이 품고 있음을 뜻한다. 같은 다운이라도 깃털과 솜털의 밀도에 따라 보온성과 복원력 등이 달라지는데, 이에 따른 품질의 차이를 소비자가 쉽게 이해할 수 있도록 필파워의 개념을 함께 제시한 것이다.

몽벨은 국제다운&페더검증기관IDFL으로부터 세계 최초로 '1,000필파워' 인증을 받았다고 대대적으로 홍보하며, 기존 다운재킷 필파워가 최고 850 수준이었던 만큼 자사 제품은 보온성이 한층 보강됐다고 주장했다.

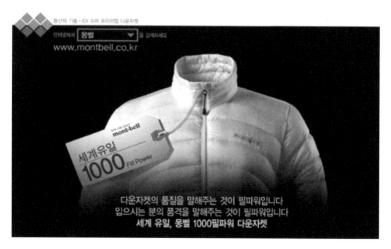

▲ 몽벨은 '다운재킷에서 중요한 것은 필파워'라고 강조하는 광고를 통해 경쟁사 제품과의 차별성을 강조하여 매출을 올릴 수 있었다.(출처: www.montbell.co.kr)

그러자 동종업계의 경쟁사들은 일제히 "필파워 600~700의 제품도 일상생활용으로 무리가 없다."며 반박하고 나섰다.

그러나 이러한 업계 내 입씨름과 관계없이 고객들 사이에선 자연스레 '1,000필파워 다운재킷=몽벨'이란 인식이 자리 잡았다. 몽벨은 '1,000'이라는 숫자가 잘 보이는 설명표를 제품에 달아 눈에 띄게 하고, 털의 함량을 직접적으로 보여주는 카탈로그를 매장 내에 배치하는 등 소비자들에게 적극적으로 노출시키는 전략을 택했다. 외산 브랜드가 자리 잡은 업계에 후발주자로 뛰어들었던 몽벨은 이런 숫자마케팅에 힘입어 출시 직후 판매량이 40% 이상 증가했고, 다운재킷 하나로 단숨에 매출 10위권에 이름을 올릴 수 있었다.

이후 필파워는 다운재킷을 고르는 네 중요한 기준 중 하나로 자리 잡은 분위기다. 이젠 웬만한 아웃도어 다운재킷 소매엔 필파워 수치가 새겨져 있는 것이 이를 방증한다. 또 다른 아웃도어 브랜드인 레드페이스The Red Face 관계자는 "2015년엔 800이었던 필파워를 올해는 850으로 높였다. 이제 소비자들 사이에서는 '필파워가 높을수록 고급 제품'이라는 인식이 확고해졌다."라고 전했다.

'1,000필파워'라는 이름표가 없었다면 몽벨의 프리미엄 다운 재킷은 여타 저가의 다운 재킷과 확실히 구분되지 못했을 것이다. 그동안은 존재 사실조차 몰랐던 '필파워 지수'라는 새로운 개념을 몽벨이 브랜딩하고 홍보한 결과, 소비자들은 자신이 보다 객관적인 지표에 근거하여 제품을 구입한다는 인식마저 가지게 되기에 이르렀다.

이와 비슷한 사례는 삼성에도 있다. 2009년 삼성전자는 LCD 패널의 광원光源을 기존의 형광등에서 LED 전구로 교체함에 따라 두께를 15cm에서 9cm 이하로 줄이고 화면 밝기 또한 월등히 우수해진 TV를 개발했다. 삼성전자는 이 제품을 기존의 LCD TV와 확실히 구분짓기 위해 'LED TV'로 명명하며 새로운 TV 카테고리를 만들었는데, 이것이 삼성 TV가 소니의 30년 아성을 허물고 2009년부터 지금까지 세계 시장점유율 1위를 달성하는 데 가장 큰 기여를 했다고 해도 과언이 아니다.

LED TV 전용 디스플레이와 대형 탑차를 활용하여 주요 도시에 선보이는 로드쇼를 진행하는 등 영업과 마케팅 역량도 'LED TV'라는 이름표를 소비자에게 인식시키는 데 집중됐다. 이렇게 소비자에게 노출시키고 널리 알리기 위한 투자와 노력이 뒤따르지 않으면 새롭게 이름표를 붙일 이유가 없다.

소비자의 발길을 이끄는
매장을 만들어라

어렵사리 매장에 방문한 고객을 팔고 싶은 물건이 있는 곳까지 유도할 수 있는 매장 내 장치에는 어떤 것들이 있을까? 매장 전시의 최적화야말로 판매에 큰 영향을 미치는 요소다. 아무리 인기 있고 새로운 경험이 가능한 '이슈화'된 공간이 마련되어도 고객들이 그곳에서 사진만 잔뜩 찍을 뿐 정작 물건은 사지 않고 돌아간다면 직접적인 판매성과를 올릴 수는 없다. 소비자의 동선 및 선호 스폿spot을 찾아 경쟁사보다 우위에 있는 전시를 하기 위해 다양한 시도가 이루어지는 이유다.

1) 소비자의 스타일을 파악해라: 사냥꾼 혹은 채집인

양복을 사기 위해 백화점에 가는 상황을 상상해보자. 어떤 사람들은 집을 나서기 전에 이미 선호하는 몇몇 브랜드를 염두에 두고 백화점으로 향한다. 이들은 입구에 들어서기가 무섭게 곧장 엘리베이터를 타고 남성복 매장에 도착한 후 해당 브랜드에서 마음에 드는 양복을 발견하면 바로 구매를 결정하고, 일을 마치면 역시 뒤도 안 돌아보고 백화점을 나선다.

또 다른 유형의 사람들은 양복을 파는 매장을 향해 이동하기는 하지만 넥타이나 셔츠 코너를 보며 자기가 사고자 하는 양복의 스타일이나 색상에 맞을지를 잠시 고민하는가 하면 전자제품 매장처럼 양복과는 전혀 무관한 다른 층도 천천히 둘러보며 느긋하게 양복 매장으로 향한다.

이러한 유형의 고객들에게는 매장 방문 자체가 하나의 즐거움이나 소일거리일 뿐 아니라 흔히 말하는 윈도쇼핑이나 충동구매가 어쩌면 당연한 것이기도 하다.

비유하자면 전자의 유형은 사냥꾼(수많은 얼룩말 중 단 한 마리만 목표로 추적하는 사자 같은 스타일의 사람), 후자의 유형은 채집인(열매를 따러 산에 갔을 때 특정한 장소나 특정 열매를 찾지 않고 여기저기서 여러 종류의 열매를 채집하는 사람)이라 할 수 있다. 채집인 유형의 고객들은 곧 잠재 고객에 해당하기 때문에 백화점 입장에서 가장 환영할 수밖에 없고, 그렇기에 이들을 겨냥하여 매장 위치와 전시 등에 많은 시간과 노력을 투자하게 된다. 백화점뿐 아니라 모든 상권에는 이러한 고객들의 눈에 띄기에 좋은 자리, 소위 '목golden spot'이라는 것이 존재한다. 사람들이 많이 모이는 역세권이나 쇼핑몰의 에스컬레이터 주변이 대표적인 예에 해당한다.

2) 소비자의 동선에 위치해야 베스트 스폿

미국 베스트바이 내에 갤럭시의 SWAS를 마련하는 프로젝트를 진행할 때 삼성 경영진은 "매장 입구 정면에서 바로 보이는 곳에 설치하라."라고 수차례 강조했다. 프로젝트 시작과 함께 각 매장의 SWAS 위치를 정하는 협상이 시작되었다. 베스트바이가 제안한 각 매장 내 위치를 도면과 일일이 비교해보니 대부분 매장의 오른쪽이나 뒤쪽에 위치한 공간이었다. 베스트바이 측은 '삼성 제품의 카테고리가 위치한 섹션 내의 최고 위치를 제안한 것'이라고 이야기했지만 삼성 현지 실무팀의 입장에서는 경영진의 지시사항을 100% 실행할 수 없다는 생각에 걱정이 앞섰다.

실무팀은 베스트바이가 제안한 공간이 최고의 위치라고 경영진을 설득시킬 수 있는 객관적인 데이터가 필요했다. 그리고 SWAS 설치를 진행하기 전, 일부 파일럿 매장의 소비자 동선 자료를 분석한 결과 실무팀의 걱정도 자연스레 해소되었다. 소비자의 동선 자료를 분석해보니 다음과 같은 두 가지 사실을 알 수 있었기 때문이다.

① 소비자들은 입구에서 정면으로 이동하는 경우보다 입구의 우측에서 매장 안으로 이동하는 성향, 그리고 주로 우측에서 시작하여 반시계 방향으로 매장을 한 바퀴 도는 행태를 보였다.

② 모든 소비자는 휴대폰이나 TV 등 자신이 사려는 아이템을 생각하며 매장에 온다. 때문에 전체 매장 안에서는 최고의 위치에 있다 해도 동종제품 매장들과 떨어져 있는 매장은 이런 소비자의 구매의

▲ 매장 내의 좋은 위치는 유명 브랜드들의 각축장이 된다. 베스트바이 내 삼성 SWAS 뒤쪽으로 애플의 SWAS가 보인다.

사를 이끌어낼 수 없다. 즉, 휴대폰을 사려는 고객의 구매의사는 다른 휴대폰들이 있는 매장 근처에서, TV를 사려는 고객의 구매의사는 다른 브랜드 TV 제품들 근처에서 높아지므로 삼성 제품의 매대 역시 동종제품 매장들과 멀리 떨어져 있어선 안 된다.

다시 말해 '입구에서 가깝고 눈에 잘 보이는 곳'이라 해서 무조건 최상의 위치라 할 수는 없었던 것이다. 매장 운영 경험이 많은 베스트바이의 노하우가 빛을 발하는 순간이었다.

소비자가 많이 다니는 곳이 언제나 최상의 목인 것은 아니다. 가령 매장의 입구는 가장 많은 소비자들과 접할 수 있는 곳임에 분명하지만 많은 사람들이 지나다니기 때문에 여유롭고 편안하게 제품을 살펴보기는 힘들다는 단점이 있다. 요약하자면 좋은 목이란 많은 소비자들이 오가다 쉽게 접근할 수 있고, 편안하게 머물며 제품을 둘러볼 수 있는 자리, 더 나아가 의미 없는 트래픽보다는 구매의도를 가진 소비자들이 모이는 자리라 할 수 있다.

3) 빛나는 로고로 고객의 발길을 유도해라

삼성은 베스트바이 내의 휴대폰 SWAS에 이어 이듬해 TV SWAS 프로젝트를 진행했다. 가장 먼저 했던 일은 소비자의 발걸음을 삼성 제품의 공간으로 끌어들이기 위한 브랜딩 개선 작업이었다.

대부분의 가전 매장은 입구 가까이에 휴대폰, 디지털 카메라 등 모바일 기기와 액세서리를 배치하고 TV는 매장 가장 안쪽의 벽에 전시한다.

TV가 점차 대형화, 벽걸이화되어 벽면 전체를 전시에 활용해야 하기 때문이다. 그런데 미국 베스트바이의 매장들은 대부분 입구에서 맞은편 벽까지의 거리가 50m 이상일 정도로 규모가 커서 TV가 있는 곳으로 소비자를 끌어들인다는 것이 결코 만만치 않았다.

베스트바이는 그간 특정 업체의 브랜딩을 허락하지 않았던 터라 삼성에게 제공된 매장 내 20평의 공간은 정말 잡기 힘든 특별한 기회와도 같았다. 때문에 이 기회를 최대한 활용하여 매장 방문객들에게 삼성이라는 브랜드를 확고히 각인시키고 그들을 끌어들이려면 삼성 브랜드 로고가 멀리서도 눈에 띄게 만드는 작업이 필요했다. 우선 고객의 동선에서 눈에 띌 수 있도록 브랜드 로고의 높이를 기존의 25cm보다 두 배 이상 키웠고, 3m 이상의 높은 곳에 설치하여 매장 입구에서도 잘 보일 수 있게 했다.

베스트바이는 창고형 매장이기에 매장 내 조도가 300럭스$_{lux}$ 정도로 약간 어두운 편이고, 대부분의 공간에 조명이 별도로 설치되어 있지 않기 때문에 사실 어떤 브랜드 제품이든 구별하기 어려웠다. 때문에 멀리서도 소비자들로부터 주목받을 수 있도록 당시 나와 있던 조명 제품 중 가장 밝은 수지 LED 제품을 사용하기로 했다. 그 결과 TV가 아닌 다른 제품을 사러 매장에 왔던 고객들도 매장의 가장 뒷편에 위치하지만 밝게 빛나는 삼성 로고를 보고 호기심에 삼성 TV 매장으로 발걸음을 옮겼다. 눈에 띄게 설치한 삼성의 로고는 이렇게 소비자의 동선을 확장시켰고, 소비자들로 하여금 매장 안쪽까지 이동하는 과정에서 다른 상품들도 둘러보게 하는 효과를 만들어냈다. 그간 크게 주목받지 못하던 매장 뒤

쪽 공간을 소비자들이 많이 방문하기 시작하니 베스트바이의 경영진이
반색했음은 물론이다.

▲ 베스트바이 내 삼성 TV SWAS를 살펴보고 있는 소비자들. 삼성은 로고뿐 아니라 벽면에까지 간접조
명을 설치하여 가시성을 최대한 높였다.

매장을 체험의 장으로
변화시켜라

요즘 가로수길, 코엑스, 홍대 입구 등 소위 '핫플레이스'라고 하는 곳에
가면 카카오와 라인의 캐릭터숍에서 셀카를 찍는 일본 혹은 중국 관광
객과 중고생들을 쉽게 볼 수 있다. 온라인 쇼핑이 일반화되면서 클릭 한
번으로 생필품부터 럭셔리 제품까지 쉽게 배송받을 수 있는데도 사람들
이 매장으로 향하는 이유는 무엇일까? 아마도 제품을 직접 보고 만지고

느끼는 과정에서 새로움을 경험하고 싶어서일 것이다.

과거에 흔했던 홍보 전단지부터 최근에는 매장 입구에 설치하는 바람 풍선 인형까지, 업체들은 고객을 매장으로 모으기 위해 실로 다양한 시도와 노력을 해왔다. 그러나 자영업자의 평균 수명이 채 4년도 되지 않는 것에서 알 수 있듯 고객의 취향은 수시로 변한다. '경험 공간'으로서의 매장을 만드는 것, 더 나아가 그 매장에 가는 것이 고객 입장에서는 '자랑할 만한' 경험이 되게 하고 그 매장은 새로운 것을 배울 수 있는 공간이라는 이미지를 생산하는 것은 그래서 중요하다. '상품'보다 '공간' 체험의 폭을 넓히는 것이 새로운 디스플레이이자 매장 중심 머천다이징의 핵심이다.

1) 소비자가 머무르는 시간이 늘어나면 매출은 증가한다

CU는 2014년 10월 다른 편의점 브랜드였던 서울 덕성여대 학생회관점을 인수한 뒤 매대를 절반 이하로 줄였다. 대신 그 공간에 여대생들이 화장하고 옷을 갈아입을 수 있는 파우더룸과 피팅룸을 마련함은 물론 학과나 동아리별로 소모임을 할 수 있도록 스터디존도 설치했다. 그러자 이전보다 진열 공간이 40% 정도로 줄었음에도 매출은 오히려 45% 증가했다. 비슷한 예로, 강원도 원주에 있는 CU의 한 점포는 주변에 기업이 많다는 점에 착안해 편의점 내에 세미나실을 마련한 결과 매출이 45% 이상 늘어나는 성과를 거두었다.

미국의 소비심리 분석가 파코 언더힐Paco Underhill은 2011년 《쇼핑의 과학Why We Buy》이라는 책에서 이런 현상을 이미 예상한 바 있다. 그는 "소비자가 매장에서 쓰는 돈은 매장에 머무는 시간과 정확히 비례한다."라며 "상품 진열 공간과 구색에만 신경 쓰던 과거 습관에서 벗어나야 한다."라고 강조했다.

2) 체험형 전시 공간을 제공해라

스마트TV는 스마트폰과 마찬가지로 TV 내의 앱을 통해 인터넷 연결이 가능하게 함으로써 SNS 등 소비자의 사용성을 확장시켜주는 커넥티드connected TV를 말한다. 그런데 삼성에서 개발한 스마트TV 판매를 시작하려고 보니 한 가지 걱정거리가 등장했다. '스마트TV가 가진 편리한 기능들을 설명하려면 30분은 족히 걸릴 텐데, 소비자가 과연 매장에 30분을 서 있으면서 그 설명을 다 들어줄 수 있을까?' 하는 것이었다.

삼성이 원했던 것은 소비자가 이전 TV들과 스마트TV의 차이를 쉽게 느낄 수 있고 원하면 직접 스마트TV의 기능을 체험하여 그 성능에 대한 확신을 가지게 되는 것이었다. 이를 위해서는 스마트TV라는 새로운 제품을 전시할 매장의 설계부터 다시 해야 했다. 삼성 스마트TV의 다양한 모델을 보여주며 각각의 대표 기능들을 이해시키고, 제품에 대한 그런 이해가 모여 스마트TV에 대한 구매욕을 불붙일 수 있는 전시가 절실했다. 실무팀은 각 제품들의 가장 대표적인 기능들을 추려 '명칭'으로 개념화하고, 소비자가 해당 기능들을 직접 체험해보는 시나리오를 수립했다. 이어 이와 관련된 수많은 아이디어와 협의를 거친 끝에 '스마트TV 스토리존'이라는 체험형 전시가 탄생할 수 있었다. '스마트TV 스토리존'은 이름 그대로, 스마트TV의 장점을 이야기처럼 쉽게 풀어내는 전시였다.

▲ 디지털플라자 홍대점은 라이프스타일을 연계한 매장 디스플레이를 배경으로 디지털 카메라, 태블릿 등의 소비자의 경험을 유도한다(출처: 삼성전자).

스마트TV 스토리존 내의 TV 전시대 높이는 기존의 것보다 높은 1m 다. 이는 고객이 허리를 굽히지 않고도 스마트TV의 기능을 리모컨이나 태블릿PC 등을 통해 직접 컨트롤하고 눈앞의 화면으로 확인할 수 있게 하기 위한 설계였다.

스마트TV 스토리존 내에는 최초로 출시된 보이스voice 컨트롤과 동작 컨트롤을 설명하는 '스마트 인터랙션 코너', 스마트TV의 편리한 어플리케이션을 보여주는 '스마트 콘텐츠 코너', TV 방송을 태블릿PC나 휴대폰으로 이어보거나 휴대폰을 리모콘으로 사용하는 등의 기능을 보여주는 '스마트 컨버전스 코너' 등이 마련되었다. 소비자는 이 스토리존을 자연스럽게 돌면서 각각의 테마를 직간접적으로 체험하는 과정을 통해 그전까지는 막연하게 느껴졌던 스마트TV의 기능과 성능을 이해하고 뇌리에 각인할 수 있었다.

이러한 스마트TV 스토리존이 도입된 후 가장 먼저 반응을 보인 것은 매장 내의 판매직원들이었다. 판매직원들은 "예전엔 고객들에게 제품에 관한 어떤 이야기부터 꺼내야 할지 잘 몰라 힘들었는데 지금은 훨씬 쉬워졌어요." "고객이 매장에서 머무르는 시간이 예전보다 길어졌어요. 자연스럽게 테이블에서 이야기하다 보면 고객이 리모컨으로 이것저것 체험해보고, 그만큼 우리 제품을 자세히 알게 되면서 더 사고 싶어 하죠." 라며 만족감을 표시했다.

애플의 성공이 애플스토어에서 제공한 데모와 워크숍에 바탕을 둔 것에서 알 수 있듯이 지금은 제품에 대한 스토리텔링이 점점 중요해지고 있다. 따라서 매장에서의 체험은 소비자의 경험 시나리오 구축과 정교한 사전작업이 먼저 이루어진 뒤 제품 출시와 동시에 실시되어야 한다.

비주얼 머천다이징

비주얼 머천다이징visual merchandising은 앨버트 블리스Albert Bliss가 1944년에 최초로 사용하였다. 그전까지는 디스플레이display라는 용어가 일반적으로 통용되었다.

비주얼 머천다이징은 매장이나 그 주변에 상품을 진열할 때 특정 기능이나 스타일 등을 강조하여 고객에게 통일된 이미지나 메시지를 전달하는 방법이다. 제품 기획merchandising에 포함된 의도를 시각적visual으로 고객에게 전달하고 더 나아가 흥미도 일으키게끔 시각적인 매력을 복합적으로 표현하는 것을 주 목적으로 한다. 제품을 단순히 보기 좋게 전시하는 데 그치는 것이 아니라 제품의 가치를 고객에게 제대로 전달하여 구매에 연결하는 것이다.

흔히 쇼윈도라고 불리는 공간을 위한 윈도우 디스플레이window display, 매장 내부 디스플레이interior display, 매장 입구에 설치하는 입간판eye-catching exterior sign과 매장 안으로 잠재고객을 끌어들이기 위한 이벤트 등이 모두 비주얼 머천다이징의 영역이다.[24] 최근 비주얼 디스플레이는 매장 내에 모니터를 설치하여 제품의 기능을 설명하거나 VR 또는 AR 기술을 활용하여 3차원의 제품 정보를 고객에게 제공하는 수준까지 발전했다.

소셜커머스와 오픈마켓

소셜커머스social commerce라는 용어는 2005년 야후Yahoo의 장바구니picklist 공유 서비스인 쇼퍼스피어Shoposphere 등의 사이트를 통하여 처음 소개되었다. 2008년 미국 시카고에서 설립된 온라인 할인쿠폰 업체 그루폰Groupon이 공동 구매형 소셜 커머스 비즈니스 모델을 처음 만들어 설립 3년 만에 세계 35개국에서 5,000만 명이 넘는 가입자를 확보, 소셜커머스 붐을 일으킨 이후 본격적으로 알려지기 시작했다.

상품을 구입하고자 하는 개인들이 대량구매를 통한 할인volume discount을 받기 위해 공동 구매자를 모으는 과정에서 주로 페이스북, 트위터Twitter 등의 SNS를 이용하기 때문에 이런 이름이 붙었다. 소셜커머스 업체가 등록한 상품은 단위 품목당 보통 24시간 동안 판매가 이루어지고, 일정 수 이상이 구매하는 경우 최고 90%까지의 파격적인 할인가로 상품을 제공한다. 가령 100명 이상이 구매할 경우 정가의 50%가 할인되는 식이다. 주로 공연, 레스토랑, 카페, 미용 관련 소규모 사업자의 상품을 대량 판매하지만 호텔 숙박권, 항공권, 패션, 가전제품 등도 취급한다. 한국의 대표적인 소셜커머스 업체로는 티켓몬스터와 쿠팡 등이 있다.[25]

이와 달리 오픈마켓open market은 공동구매가 아닌 공동 장터에 초첨이 맞춰진 개념이다. 온라인 쇼핑몰은 2000년 이후 가장 빠르게 성장하는 소매 업종인데, 최근에는 홈쇼핑이나 백화점 또는 대형 양판업체 등이 직접 운영하는 판매 방식에서 한 발 더 나아가 불특정 다수의 판매자들이 인터넷 쇼핑몰 안에서 판매 행위를 하는 오픈마켓 형태로 진화했다.

일반적인 인터넷 쇼핑몰과 달리 오픈 마켓은 벤더vender, 즉 제품 공급업체가 판매자(쇼핑몰 운영업체)에게 지불하는 중간 유통마진 없이 직접 구매자에게 제품을 판매할 수 있기 때문에 상품 가격이 저렴하다는 장점이 있다. 개인 또는 소규모 업체가 온라인상에서 직접 상품을 등록해 판매할 수 있도록 한 전자상거래 사이트이기 때문에 오픈마켓은 '마켓 플레이스market place' 혹은 '인터넷 장터'라고도 불린다.

정리하자면 온라인 유통, 옴니채널 등 모든 업체들을 모아놓아 입점 업체들을 통해 영업행위를 하는 백화점식 영업을 가상공간에 구현해놓은 것이 오픈마켓이다. 이러한 오픈마켓의 대표적인 예로는 네이버 쇼핑, 아마존 등이 있다.[26]

07

매장 판매인력 관리
_소비자의 입장에서 생각하게 만들어라

매장 판매인력이란 소비자에게 제품을 판매하는 판매사원, 제품 공급업체에서 파견되어 소비자에게 제품을 홍보하는 홍보를 담당하는 판촉사원, 제품 선정과 전시를 책임지는 기획사원 등을 아울러 일컫는 표현이다. 매장 판매인력은 판매 프로세스에서 주체가 되는 요소다. 매장에 방문했지만 제품을 못 찾는 사람, 제품 기능을 몰라 구매를 망설이는 사람, 가격 때문에 주저하는 사람 등 결정을 미루는 잠재 고객을 구매로 연결시키는 것은 매장 판매인력의 능력이라고 할 수 있다.

세일즈맨으로서 제품을 판매하려면 좋은 아이디어와 함께 고객을 설득할 수 있는 적절한 시간, 적절한 장소에 자리하는 것이 필요하다. 좋은 아이디어를 얻기 위해서는 고객이 원하는 것이 무엇인가를 생각하고 고객에게 제대로 된 서비스를 할 수 있는가를 끊임없이 연구해야 한다. 고객이 편안하게 매장을 둘러보도록 돕고 필요한 도움을 준다면 소비자는 그 세일즈맨을 다시 찾아오게 된다.

1989년 12월 어느 날, 필자를 포함한 삼성 신입사원들은 버스를 타고 마산으로 이동하여 어느 거리에 내렸다. 신입사원 연수의 꽃이라는 영업현장 체험교육, 즉 LAMAD life adjustment marketing ability development가 시작된 것이다. 그날 우리에게 주어진 미션은 유선 전화기 두 대와 무선 전화기(휴대폰이 아닌 선이 없는 전화기cordless phone) 한 대 그리고 휴대용 카세트 플레이어를 오후 6시까지 판매하고 연수원으로 돌아오라는 것이었다. 수중에 동선 하나 없던 우리는 나행히 어느 마음 좋은 중년 남사분를 만나 유선전화기 한 대와 휴대용 카세트 플레이어를 팔아 점심을 해결할 수 있었다. 문제는 고가의 무선 전화기였다. 몇 시간을 길에서 헤매던 중, 물건을 팔러 들어간 어느 가게에서 "전화국에 가면 새로 신청하는 사람 많을 텐데 거기에나 가보지?"라는 말을 주인 아주머니로부터 들은 순간 '유레카!'라고 외치고 싶은 심정이었다. 바로 가까운 전화국으로 달려갔다. 접수담당 직원에게 신청자가 있으면 알려달라고 통사정하여, 마감 시간 전에 만난 고마운 아가씨에게 간신히 재고(?)를 처분하고 완판을 기록할 수 있었다.

태어나서 처음 내 손으로 물건을 팔아본 그 짜릿한 경험은 얼마나 최선을 다해 고객을 설득해야만 물건 하나를 팔 수 있는지, 소비자들은 얼마나 많은 고민 끝에 지갑을 여는지, 또 고객 하나하나가 얼마나 소중한지도 깨닫게 해주었다. 이후로 거래처를 대할 때마다 이 소중한 경험을 되새기고는 했다.

고객을 사로잡는 판매사원의 다섯 가지 스킬

1) 실패를 두려워하지 마라

미국 출장 중 어느 일요일, 자정 비행기로 귀국 예정이었던 터라 오랜만에 여유 있는 오전을 보낸 뒤 공항 가는 길에 있는 코스트코Costco 매장을 방문했다. 당시 담당했던 삼성 태블릿PC 제품이 코스트코에 독점 공급되고 있었으므로 코스트코 판매에 물심양면 지원을 아끼지 않고 있었기 때문이다.

우리 제품의 전시 상태와 소비자 유동량을 살피고 있을 때 할머니 한 분이 다가와 여기 직원이냐고 물었다. 당시 필자가 입고 있었던 셔츠에 삼성 로고가 찍혀 있어서 그렇게 생각한 것 같았다. 한 대라도 더 팔고 싶은 욕심이 들어선지 얼떨결에 그렇다고 대답하자 할머니는 제품에 대해 이것저것 물어보기 시작했다. "가격은 얼만가요?" "더 싼 걸로는 뭐가 있나요?" "세일은 언제 하나요?" 등 주로 가격과 관련된 질문이었다.

"이 제품은 현재 시장에 나온 것들 중 가장 가볍고 얇기 때문에 오래 들고 쓰셔도 손목에 무리가 없습니다. 게다가 ○○패션잡지의 연간 구독 쿠폰이 제공되고 특히 코스트코에서 구매하면 가지고 다니시기 쉽게 휴대용 파우치도 받으실 수 있고요."라고 설명했다.

할머니는 눈을 반짝거리며 관심을 보이기 시작했지만 "사겠다.I will take it."가 아닌 "마음에 든다.I like it."는 말만 반복했다. 아무리 설득해도 살 듯 말 듯 깐깐한 이 나이든 여성 고객. 입에서 단내가 날 지경이 된 나는 제 풀에 지쳐 급기야 '내 돈으로 한 대 사주고 싶다'는 마음까지 생겼다. 결국 할머니는 "집에 가서 남편에게 물어본 뒤 결정해야겠어요."라는 말만 남긴 채 매장을 떠났다.

판매하는 입장에서는 매장을 방문한 모든 고객들이 자신이 판매하는 제품을 구매하길 원하겠지만, 신제품 출시나 가수요假需要가 발생하지 않는 한 구매전환율(총 방문고객 중 구매고객이 차지하는 비율)은 10%를 밑돌게 된다. 즉, 잠재 고객을 10명 이상 만나야 한 번 판매를 성사시킬 수 있다는 얘기다. 모든 고객에게 최선을 다해야 하지만 판매로 연결시키지 못해도 실망하지 않는 자세가 필요한 대목이다.

2) 친절함으로 잠재 고객을 만들어라

베스트바이 내 SWAS 설치 프로젝트를 끝마친 뒤 운영책임자로 다시 미국 주재로 발령받았다. 그에 따라 이전보다 본격적으로 매장 점검 업무에 주력해야 했는데, 특히 신제품 출시 전후의 기간에는 준비 상황과 판매 추이를 확인하기 위해 일주일 정도의 시간을 매장 투어에 할애했다.

필라델피아 외곽에 있는 베스트바이 매장을 방문했을 때 만났던 할머니 고객 한 분이 생각난다. 그분은 아들 식구와 영상 통화를 위해 삼성 PC를 구매했으나 그 후 액세서리 키보드가 고장 나 곤란을 겪고 있었다. 고장이야 고치면 그만이지만 문제는 그 제품의 생산이 중지된 데다가 단종된 지도 오래되어 서비스 부품 수배도 쉽지 않다는 데 있었다. 할머니는 이미 이러한 정황을 몇 달 전부터 알고 있었지만 삼성 매장에 오면 '손자 같은 판매사원'이 자신을 친절하게 맞이해주고 불만을 들어주기 때문에 계속 방문하고 있다고 이야기하셨다. 사연을 들은 우리는 샘플 관리 협력업체 창고에서 폐기 대상 단종제품 목록을 뒤졌고, 다행히 동일한 제품을 겨우 찾아 할머니 댁으로 배송해드렸다.

후에 그 할머니께서는 매장을 찾아와 고맙다고 인사하시면서 최신 휴대폰까지 구매하셨다고 한다. 이 사례는 어떻게 잠재 고객을 발견할 수 있는지, 고객들이 매장을 찾을 때 무엇을 기대하는지, 어떻게 고객을 대응해야 하는지를 보여주는 좋은 예라 할 수 있다.

▲ 수리된 제품을 받아 들고 기뻐하는 고객. 판매사원의 보람은 자신의 서비스에 만족하는 고객을 보는 것이다.

판매인력은 실적을 위해 노력하고 구매 최종 단계의 결과를 책임지지만 그렇다고 고객의 구매를 100% 끌어낼 수 있는 것은 아니다. 판매인력에게 요구되는 제1의 덕목은 친절함이다. 설사 고객이 경쟁사 제품의 위치를 묻더라도 친절한 태도를 보여야 한다. 판매는 기획에서 제조, 마케팅, 매장관리에 판매인력의 서비스가 결합된 종합예술이기 때문이다.

3) 고객의 눈높이에서 고객의 언어로 이야기해라

신제품의 세일즈 토크sales talk, 즉 판매 시나리오를 만들 때 현대백화점에서 근무하던 세일즈맨 한 분을 초빙했던 적이 있다. 세일즈 대회에서 1등을 수상하기도 했던 그분은 다른 영업사원들처럼 친절하고 열정적이며 풍부한 제품 지식을 바탕으로 고객을 사로잡는 능력이 있었다. 그런데 그에 더해 특별한 능력이 하나 더 눈에 띄었다. 바로 복잡한 제품 지식을 고객의 언어로 전달한다는 점이었다. 한 예로, 중년 여성 고객에게는 스마트TV의 앱이 복잡하게 느껴지고 이해가 쉽지 않다는 점을 알았던 그는 이렇게 쉽게 설명했다.

"어머니, 학생들이 즐겨 보는 유튜브도 이제 TV로 보실 수 있어요. 전날 못 보신 연속극도 TV로 언제든 다시 보실 수 있고요."

예전과 달리 이제는 많은 사람들이 전자제품을 구입하면 '사용설명서'를 읽지 않고 곧바로 제품을 사용해본다. 따라서 제품이 얼마나 '직관적'으로 사용자의 생각에 맞춰 설계되었는지가 중요해졌다. 제품에 대한 설명도 이와 마찬가지다. 가령 어떤 제품의 메모리 용량에 대해서도 복잡한 기술적 용어로 설명한 제품설명서보다는 아이팟의 경우처럼 '1,000곡을 주머니 안에'라는 광고 한 줄을 제시하는 것이 더 소비자에게 호소력 있는 방법임을 명심해야 한다.

유능한 세일즈맨은 절대 카탈로그나 팸플릿에 찍힌 제품 사양을 앵무

▲ 판매직원은 고객이 이해할 수 있는 언어로 제품 정보를 전달할 수 있어야 한다.

새처럼 그대로 옮지 않는다. 고객의 눈높이에서 고객이 이해할 수 있을 뿐 아니라 일상생활과 밀접하게 연관하여 느낄 수 있는 언어로 바꾸어 전달한다. 제품을 잘 아는 사람은 판매사원이지 소비자가 아니기 때문이다.

4) 다른 상품을 융합하여 고객이 생각지 못한 것을 팔아라

융합적인 사고를 하여 서로 다른 것들을 연결하여 설명하는 능력도 판매원이 갖춰야 할 요소 중 하나다. 제품 간 컨버전스 기능을 미리 체크하는 등 기기 간의 연결고리를 판매에 최대한 활용하는 것이 한 예다.

이러한 크로스셀링은 추가 매출을 확보할 수 있는 좋은 수단이다. TV를 팔면서 제품을 돋보이게 하는 사운드 바sound bar와 벽걸이 브래킷bracket도 함께 제안한다면 고객 입장에선 완벽한 세팅에 따른 최고의 음향과 최소한의 공간에 깔끔하게 놓인 TV를 즐길 수 있다.

카테고리를 넘어서는 크로스셀링도 가능하다. IOT가 일반화되면서 소비자가 가지고 있는 모바일이나 스마트TV를 허브로 제어할 수 있게 설계된 주변 기기들이 많다. 판매사원 입장에서는 A 카테고리의 제품을 구매하려는 고객에게 그것과 연결된 B 카테고리의 제품들을 판매할 수 있는 것이다. 로봇청소기, 에어컨, 냉장고, 세탁기, 주방기기부터 스마트워치, VR 장비 등의 웨어러블 디바이스wearable device까지 크로스셀링의 경계가 계속 확대되고 있는 지금은 판매인력들에게 있어 융합적인 사고와 연결능력이 어느 때보다 요구되고 있는 시대라 할 수 있다.

5) 고객이 스스로를 소중한 존재라고 생각하게 해라

베스트바이는 설립 초기부터 '구매를 강요하지 않는 부담 없는 쇼핑 공간pressure free environment'라는 모토하에 '넓은 매장에서 고객들이 마음껏 둘러보고 천천히 구매할 수 있는 공간'을 지향했다. 또한 매장 판매직원들에게 판매수당sales commission을 지급하던 제도도 같은 이유로 폐지했다. 방문 고객들이 매장 판매원들의 호객 및 판매활동에서 느낄지 모르는 심적 부담 없이 여유 있게 쇼핑할 수 있도록 하겠다는 목적이었다.

그러나 베스트바이를 방문하는 고객들은 여유를 느낀다기보다는 아무도 자기에게 신경 쓰고 있지 않다는 방치된 느낌을 받거나, 또는 매장 직원의 도움 따위는 처음부터 기대하지 말아야겠다는 굳은 각오를 하는 것 같았다. 어쩌다 눈에 보이는 직원에게 제품 관련 사항을 물으면 십중팔구 "나는 여기 담당이 아니니 담당자를 불러주겠습니다."라는 말을 듣게 되고, 담당자가 있다 해도 다른 고객을 응대하는 중이라 한참을 기다려야 하는 경우가 비일비재한 탓이다. 어찌 보면 이는 당연한 것이, 베스트바이는 슈퍼마켓의 '셀프서비스' 개념을 가져온 전자 양판점이기 때문이다.

이에 반해 애플스토어는 발을 들이는 순간부터 고객에게 전혀 다른 경험을 제공한다. 통상 매장에는 가로 세 줄, 세로 네 줄에 총 12개의 테이블이 배치되어 있고 매장 뒤쪽에 위치한 일명 지니어스 바Genius Bar 앞에는 아이들을 위한 공간이 마련되어 있다. 앞쪽에서 첫 번째, 두 번째 테이블 주변에는 '스페셜리스트Specialist'라고 불리는 판매원들 너덧 명이 자리하여 언제 어떤 질문에든 대답할 준비를 하고 있다. 그 뒤 세 번째와

네 번째 테이블에는 서비스 전담 직원이 자리 잡고 있고, 전반적인 분위기는 매우 활기차며 유쾌하다. 지금은 지역 명소라고 할 정도로 유명해졌지만 사실 2001년 애플 매장을 처음 열었을 때 세상의 반응은 냉소적이었다.[27]

당시 미국 양판업계의 화두는 '어떻게 하면 경쟁자보다 저렴한 가격에 물건을 공급하여 더 많은 소비자를 끌어모을 수 있을까?'였기에 각 업체들은 창고형 매장, 판매직원 수의 최소화, 하청업체를 통한 배송 등 비용절감 문제에만 매달리고 있었다. 이런 상황에서 애플이 추구한 '고객을 위한 모든 서비스를 제공하는 매장full SVC retail shop'은 매우 생소한 개념일 수밖에 없었다. 그러나 고객서비스가 아닌 가격경쟁력을 최우선으로 하던 양판업계는 결과적으로 서비스의 질 저하 및 이에 따른 고객들의 불만에 직면하게 되었다.

애플스토어가 처음 선보이고 10년이 지난 후의 시장 반응은 '애플은 제품과 당신, 그리고 당신을 도울 수 있는 사람을 한곳에 모아 소매업을 간소화했다'로 요약된다. 사실 대부분의 매체들은 애플스토어의 성공이 제품과 디자인 덕분이라고 판단했었다. 그러나 당시 애플스토어 총책임자였던 론 존슨Ron Johnson은 이렇게 이야기한 바 있다.

"제품 때문에 애플스토어가 성공을 거둔 것이라고 가정할 수는 있죠. 하지만 월마트, 베스트바이 등 대부분의 리테일은 애플 제품을 판매하고 있으며 다양한 방법으로 할인까지 해주는데 (중략) 사람들은 할인 없이 정가에 판매하는 애플스토어로 몰려듭니다. 그 이유를 어떻게 설명할 수 있을까요? 그것은 고객이 특별하다고 느끼게 만들기 때문입니다. 고객을 따뜻하게 맞아주고 질문하고 경청하고 즐겁게 만드는 것은 언제나 최선의 판매 전략입니다."[28]

사람들이 명품을 좋아하고 명품 매장 방문을 즐겁게 여기는 것은 명품 자체가 가진 가치 때문만이 아니라 매장의 고급스러운 분위기 및 잘 훈련된 직원들의 친절하고 세련된 서비스를 기억하기 때문이다. 더 나아가 그런 서비스는 고객으로 하여금 자신이 소중한 존재라는 생각이 들게 한다. 사람들은 누구나 스스로를 소중히 여기고 또한 그렇게 대접받기를 원한다. 애플은 이 점을 정확히 간파하고 고객서비스를 판매하여 성공한 기업이다. '판매력을 높이려면 가격경쟁력과 고객서비스 중 어디에 집중해야 하는가?'라는 질문에 대한 대답의 차이가 곧 오늘날의 베스트바이와 애플스토어 위상의 차이를 만든 셈이다.

매장 직원의 태도를 변화시키는 조직의 비밀

국내에서는 환경 문제로 마트에서 1회용 비닐 봉투를 사용하지 않지만 미국에서는 아직도 마트 계산대에서 포장용 비닐 봉투를 무상으로 제공하고 있다. 문제는 내구성이 약한 1회용 봉투에 무거운 음료수나 세제 등을 넣으면 운반 중에 봉투가 터져 물건이 쏟아지는 낭패를 볼 수 있다는 점이다. 소비자로부터 이러한 불만을 들은 어느 계산원은 봉투를 두 겹으로 사용하여 이 문제를 해결했다. '두 겹 포장double bag packer'은 사실 두 배의 시간과 노력이 필요하므로 계산원에게는 도움 되는 일이 아니었지만 그는 소비자들을 위해 이러한 수고를 마다하지 않았고, 이것은 현재 잡화를 취급하는 미국의 거의 모든 리테일 매장에서 표준으로 자리 잡았다.

같은 일을 시키고 같은 급여를 준다고 해도 직원들 태도에는 확연히 차이가 있다. 이를 단순히 개인의 성향 차이로만 설명할 수 있을까?《성공하는 사람들의 7가지 습관Seven Habits of Highly Effective People》[29]에서 저자 스티븐 코비Stephen Covey는 다음과 같은 촌철살인을 남겼다.

"성공하는 조직에서는 조직 구성원에게 개인의 성공을 위한 지식과 기회가 주어지고, 이는 궁극적으로 회사의 성공으로 이어진다."

다시 말해 직원들의 능력을 인정해주고 업무 처리 과정에서 스스로 결정할 수 있도록 권한을 위임하는 것이 답인 것이다.

1) 직원들에게 권한을 위임해라

앞서 이야기했던 경우를 잘 살펴보면 두 가지를 알 수 있다. 첫째는 매장 직원이 소비자의 불편을 개선하기 위해 자발적인 행동을 했다는 것이고, 둘째는 점장이 매장 직원의 행동을 낭비라고 꾸짖거나 무시하지 않고 문제점을 개선하기 위해 계산원의 의견을 받아들여 고객응대 매뉴얼을 수정하고 그의 방식을 표준 프로세스로 만들었다는 것이다. 사람들은 누군가 자신을 믿어주고 기회를 주었을 때 훨씬 더 많은 능력을 발휘하기 마련이다.

2) 직원들이 서로 협력할 수 있는 분위기를 조성해라

달리기 시합에서 이기는 방법에는 두 가지가 있다. 하나는 다른 사람보다 빨리 달리는 것이고, 또 다른 방법은 다른 사람이 이기지 못하도록 방해하는 것이다.[30]

조직생활을 하다 보면 이와 비슷한 현실에 자주 부딪히는데, 개인의 성과만을 중요시한다면 협업의 중요성을 간과할 위험이 있다. 미국 유통업계에서는 일찍이 이러한 문제를 간파하여 판매직원들에게 판매수당을 지급하지 않는다. 판매수당을 내걸어 직원들의 경쟁을 과열시키고 소비자에게 부담을 주는 것보다는 점포별 판매 목표를 달성했을 때 지불하는 팀 보너스 제도를 활용하는 것이 팀워크 향상에 효과적이라고 판단한 것이다.

3) '특별한 성과'에만 주목하지 마라

회사에서는 '인사고과'라는 이름으로 업무 평가를 받게 된다. 우리가 경험한 대부분의 인사고과에서는 주어진 일을 충실히 수행하는 것은 당연하고 그에 덧붙여 특별한 성과까지 거둬야 '우수하다'는 평을 받는 것이 일반적이다.

그렇지만 매번 우수한 성과를 거두는 일이 쉬운 일인지, 묵묵히 자신의 일을 해내는 사람이 제대로 평가받고 있는지에 대해서는 곰곰이 생각해볼 필요가 있다. 나쁜 일이 일어나지 않는다는 것은 좋은 일이 생긴 것만큼이나 감사하다. 모든 성과를 너무 당연하게 받아들이는 것은 아닌지 점검해보자.[31]

4) 쌍방향 의사소통의 채널을 마련해라

매장 판매사원은 고객과 가장 가까이 있는 인력이다. 이런 필드 포스field force들로부터 가감 없는 시장의 소리(VOC, voice of customer)를 전달받을 수 있는 기회는 기업의 입장에서 정말 소중하다. 삼성에서도 신제품 출시 후 집중적인 필드마켓 센싱(FMS, field market sensing) 리포트를 통해 신제품에 대한 유통과 소비자의 반응을 조사해서 경영진에 매주 보고하는 것이 정례화되어 있다.

이런 쌍방향 채널은 자신의 목소리를 본사가 들어주고 있다는 생각에 판매인력에게도 자부심을 느끼게 해주는 도구다. 이는 문제의 조기 발견이나 해결에 매우 유용하므로 본사 입장에서도 더욱 장려해야 한다.

5) 커리어패스를 만들어줘라

매장 판매원 중 눈에 띄게 우수한 직원이 있었는데 어느 날 퇴사를 한다고 메일을 보내왔다. 확인해보니 그는 MBA 출신으로 이직 기간 중 잠시 일을 했으나 매장 직원으로는 미래가 불투명하여 퇴직하겠다는 것이었다. 필자는 그의 이력서를 회사 인사 부서로 보냈고, 마침 상품기획 부서가 필요한 인력이라 판단하여 그를 채용했다.

이 사례는 직원들의 커리어패스(career path, 개인이 경력을 쌓아가면서 경험하게 될 직무를 배열한 것)가 회사의 인사 제도로 보장되어야 함에도 그렇지 못하여 우수한 인력을 잃을 뻔하다가 해결한 예에 해당한다. 기업은 직원들에게 '회사의 발전이 나의 발전'이라는 믿음을 주고 이를 제도적으로 보장해야 한다. 열심히 일해서 회사가 발전하면 조직 내의 각원들도 발전할 수 있다는 인식과 신뢰를 주어야 헌신적인 직원을 만날 수 있기 때문이다.

금전적 보상만이 인센티브는 아니다

모든 리테일러의 과제는 고객 만족을 통한 매출 극대화다. 그러나 고객 만족에 앞서 영업사원들의 창의적인 아이디어를 끌어내고 고객서비스의 질을 높이기 위해서는 직원들에게 충분한 동기부여가 이루어져야 한다. 동기부여란 ①개인의 욕구를 만족시키는 조건하에서 ②조직의 목표를 위해 노력하는 자발적 의지를 ③조직이 구성원들로부터 이끌어내는 것을 의미한다. 구성원들의 동기부여는 이 세 가지 요소가 적절하게 실현되었을 때 비로소 가능해진다고 할 수 있다. 때문에 기업들은 고객 감동을 위한 사전조치로 직원들의 동기유발을 위한 여러 기법을 개발하고 있다.

흔히 인센티브는 곧 금전적 보상이라고들 여기지만, 사실 그렇지만은 않다. 사람이 돈을 좋아한다는 전제는 맞을 수도 있다. 그러나 소득이 일정 수준을 넘어가면 특근비 등의 금전적 보상은 더 이상 추가 근무를 시킬 수 있는 동력이 되기 어렵다. 돈보다 더 중요한 것은 인간의 욕구, 인간의 본성이기 때문이다. 즉, 직원들은 직장에서 인간적인 대우를 받고, 그래서 삶이 풍요로워졌다는 느낌을 받고 싶어 하는 것이다. 금전적 보상이 인센티브의 전부가 아님을 생각해야 하는 이유다.

지금부터는 직원에게 일에 대한 동기를 성공적으로 부여한 기업들의
예를 살펴보며 동기부여의 의미 및 방법에 대해 알아보기로 한다.

1) 복리후생을 통해 우수 인력을 유치해라: 구글

빠르게 성장 중인 구글은 성공 비결로 '기업 성과를 바탕으로 창의력을
자유롭게 발휘할 수 있는 독특한 기업 문화와 경영 방침'을 꼽는다. 구글
의 동기부여 프로그램은 '직원을 가장 먼저 생각하고 그들이 즐겁게 일
할 수 있는 환경을 만드는 것'을 기본 목표로 하고 있다.

① 즐겁게 일할 수 있는 근무환경 조성: 자유로운 사무실 배치, 소수의
　인원, 복리후생과 관련된 많은 혜택 등으로 업무 집중도를 높일 수
　있다.

▲ 스위스 취리히에 있는 구글 사무실. 직원들을 위한 낮잠 캡슐이 설치되어 있다(출처: 구글 홈페
이지).

② 수평적이고 자유로운 기업문화: 전 세계에 있는 구글 직원들은 언제 어디서나 자신의 의견을 온·오프라인으로 자유롭게 표출할 수 있으며 직무 또한 자유롭게 선택·지원할 수 있다. 구글에는 직급이 없는데, 이는 직급이 올라갈수록 책임져야 하는 것들이 많아지고 업무량은 줄어드는 보통의 기업 구조와는 다른 면을 보여준다.

③ 스톡옵션: 연봉은 경쟁사인 MS보다 낮은 편이지만 구글 직원들은 스톡옵션을 배분받는다는 장점이 있다. 이는 경제적인 면에서 가장 큰 동기부여 요소에 해당한다. 회사의 실적과 위치가 곧 자신의 재산을 결정하기 때문이다.

2) 사원 모두를 기획자로 만드는 사내 기업가 제도: 3M

포스트잇으로 우리에게 잘 알려진 3M은 창의적 문화와 기업가정신을 고취하기 위해 전사 및 각 사업부 차원에서 벤처자금과 벤처사업부를 두고 신제품 개발에 몰두하고 있다. 특히 눈에 띄는 것은 개발 아이디어를 제안한 직원이 필요한 인력을 구성하여 독립적으로 자유롭게 제품을 개발하도록 지원한다는 점이다. 사내 기업에 지원하는 직원은 전직이 아닌 사내 전환배치의 형식으로 처리하고, 보상에 있어서도 기본급은 그대로 보장해주며 사업성과를 파격적으로 반영하는 변동성과급을 지급하는 등이 그 예다.

또한 신규 사업이 실패할 때에도 동일한 직급과 대우를 보장하고 원래의 직무로 복귀시켜주기 때문에 직원들은 매우 자유롭게 신규 사업이나 신제품 개발에 몰두할 수 있다. 자신의 사업적 능력과 풍부한 창의력을 바탕으로 새로운 업무에 도전하려는 많은 유능한 인적자원들이 3M에 지원하는 이유가 바로 이것이다. 포스트잇 등 우리가 일상생활에서 사용하는 3M의 제품은 이러한 창의력의 발로라 하겠다.

3) 내재적 보상이 만든 구성원들의 사기 진작: 코닝

특수 유리와 세라믹 소재 제품으로 유명한 코닝Corning은 과거 아이디어 활성화를 위해 아이디어 제안자에게 이익금의 10%를 돌려주는 제도를 시행한 적이 있었다. 그러나 각 제안에 대한 평가를 두고 경영자와 제안자 간에 이견이 발생하면서 결과적으로 상호불신을 낳는 상황들이 생겼다.

난관에 봉착한 코닝은 1980년까지 적용되었던 아이디어 보상 프로그램을 즉시 개선했다. 더불어 직원들의 아이디어 제안이나 성과에 대해 금전적으로 보상하는 제도를 두고도 깊이 검토한 끝에 색다른 방법들을 도입하기에 이르렀다. 공로자들의 얼굴을 액자나 작업복에 새겨주거나, 사장이 직접 그들에게 저녁식사를 제공하기도 하고 지역 신문에 소개하는 등 공로자를 포상하는 형식을 바꾼 것이다.

이러한 방법은 과거에 금전적으로 보상할 때보다 제안 건수 면에서 대략 40배 이상의 효과를 거두고 있다는 것이 회사의 자체 분석이다. 이처럼 인센티브 같은 외재적 수단이 아닌 내재적으로 보상하는 방법이 오히려 구성원들의 사기를 더욱 북돋는 결과를 가져올 수도 있음을 기억해둘 필요가 있다.

크로스셀링과 업셀링

크로스셀링cross-selling은 판매자가 고객이 구매하고자 하는 상품과 연관된 상품이나 서비스를 함께 또는 추가로 판매하는 판매 기법이고, 업셀링up-selling은 고객이 구매를 원하는 제품보다 가치가 높은 상품을 제시해서 판매하는 기술을 말한다. 햄버거를 사러 패스트푸드 매장에 온 고객에게 직원이 음료수도 추천하여 함께 판매하는 행위는 크로스셀링이고, 햄버거만 사려는 고객에게 세트메뉴를 권해서 사게 하는 것이 대표적인 업셀링의 예다. 이러한 기법들은 판매자가 이미 확보한 고객을 통해 더 빠르고 정확하게 새로운 니즈needs를 발견하여 부가적인 이익을 창출할 수 있다는 점에서 판매자의 이익을 증대시키고, 구매자의 입장에서도 더 쉽고 안정적인 구매 경험을 할 수 있다는 장점이 있다.

그러나 크로스셀링과 업셀링에는 자칫 부당 경쟁이나 강매의 소지가 있을 수 있다는 것 또한 간과해서는 안 된다. 자동차 판매 시 고객이 필요로 하지 않는 여러 옵션을 패키지로 구성하여 고객에게 불필요한 구매를 강요하는 '끼워 팔기'가 대표적이다. MS가 윈도우 공급업자라는 독점적 지위를 악용하여 오피스 프로그램을 끼워 팔아 넷스케이프Netscape를 1위의 자리에서 끌어내렸던 사건 등에서 볼 수 있듯이 이는 다양한 영역에서 도덕성과 기업 윤리에 대한 논란으로 이어질 가능성이 크다.

옴니채널과 O2O 서비스

옴니채널은 라틴어로 '모든'이라는 의미의 '옴니'와 유통경로를 나타내는 '채널'이 합쳐진 말로 유통이 온라인과 오프라인 매장을 동시에 보유하여 소비자에게 일관되고 끊어짐이 없는seamless 쇼핑 경험을 제공하는 유통 환경이나 유통을 뜻한다. 초기에는 오프라인 유통이 홈페이지 형태의 인터넷 쇼핑몰을 병행하여 운영했으나 최근에는 온라인에서 구매하고 오프라인 매장에서 픽업을 하거나 애프터서비스를 받는 등 인터넷 쇼핑 소비자의 불편을 해결하여 해당 유통 내에 소비자의 구매활동을 연관시키는 것을 목표로 한다.

O2O는 'Online to Offline'의 약어로 전자상거래와 마케팅 분야에서 온라인과 오프라인이 연결되는 것을 말한다. 사용자의 위치 정보나 앱 등을 통해 고객 정보를 파악한 장비가 그 내용을 점주에게 제공하면, 점주는 그것을 바탕으로 고객에게 쿠폰 발송 등의 서비스를 할 수 있다. 롯데백화점 앱을 내려받으면 매장에 들어가자마자 고주파 음역대 파장을 통해 앱이 자동으로 실행, 해당 고객이 자주 찾는 브랜드 매장을 지날 때 관련 정보나 쿠폰을 스마트폰으로 보내주는 서비스가 이러한 O2O 서비스의 대표적인 예다. '카카오택시'처럼 온라인 서비스 업체가 오프라인으로 서비스를 확대하는 사례나, 신세계 그룹이 온라인 쇼핑 채널 'SSG.COM'을 론칭한 것 등 오프라인에서 온라인으로 사업 영역을 확장하는 사례에서 O2O 전략을 찾을 수 있다.

08

매장 등급 관리
_리테일 매장을 프로파일링해라

리테일 임파워먼트는 궁극적으로 '매장에서 소비자의 마음을 움직여 상품이나 서비스를 구매하게 만들기 위해 행해지는 모든 활동'을 뜻한다. 매장 정보를 파악하고 이를 이용하여 매장별 중요도를 파악하여 판촉 수단과 매장 직원의 배치를 차별하기 위한 리테일 프로파일링은 리테일 임파워먼트의 첫걸음이다.

매장은 미지의 소비자와 판매 제품이 만나는 장소, 더 나아가 소비자와 제품 사이의 관계가 형성될 수 있는 공간이다. 소비자가 매장에 오기까지는 그저 제품에 대해 관심을 보이는 상태에 불과하지만 매장에서는 구매 여부를 결정하고 실제로 지갑을 열어야 하기 때문에 소비자의 진짜 '속마음'을 알 수 있는 유일한 장소가 매장이라고 할 수 있다. 중요한 것은 자신의 제품이 어떤 매장에서 어떻게 소비자와 만나고 있는지 파악하는 것이다. 중심부인 심장에서 출발하여 세포 말단까지 파이프라인 역할을 하는 혈관이 노폐물로 좁아지지 않았는지, 또 순환은 잘되는지 정기 건강검진을 통해 알아보는 것과 마찬가지로 말이다.

리테일 매핑retail mapping은 이런 매장에 대한 정보를 정리하여 유통의 흐름을 한눈에 알 수 있도록 만드는 작업이다. 우선 유통 경로를 파헤쳐 각 경로별 소단위까지 정보를 정리하고, 이를 바탕으로 각 매장을 등급화한 뒤 경영과 관리에 필요하다고 생각되는 기준점을 정한다. 그리고 단위

매장들을 그룹화하여 필요한 정보를 얻고, 투자 우선순위 등 전략적인 의사결정을 현장으로 내려보내는 등의 과정이 리테일 매핑 작업을 통해 이루어지는 것들이다.

리테일 매장을 직접 살펴봐라

리테일 매핑을 위해 제일 먼저 필요한 것은 직접 매장을 방문하여 제품이 어떻게 판매되고 있는지 파악하는 것이다. 눈에 잘 띄는 곳에 전시되어 있는지, 제품설명서와 가격표는 구비되어 있는지, 매장 직원들이 제대로 교육받아 고객을 잘 응대하고 있는지 등을 직접 확인하는 것이다. 판매한 제품들이 어떤 모습으로 소비자들과 만나고 있는지 확인해보는 것은 영업 활동의 일환이므로 게을리 해서는 안 된다.

2013년 미국 베스트바이에 삼성 SWAS 설치 프로젝트를 맡았을 당시, 필자는 8개월간 미국 주요 도시의 리테일 매장들을 방문하여 진행 상황을 직접 점검하는 임무를 맡았다. 이렇게 짧은 시간 동안 동일 유통사의 매장 여러 곳을 집중적으로 돌아다니다 보니 처음에는 비슷해 보이던 매장들의 서로 다른 부분들이 눈에 들어오기 시작했다. "알면 사랑하게 되고 사랑하면 보이나니, 그때 보이는 것은 전과 다르다."라는 말이 실감났다.

우선 각각의 매장은 고객을 모으는 방식부터 달랐다. 입점한 건물 사이즈에 따라 매장 구조는 조금씩 차이가 있을 수 있으나, 어떤 매장은 고가품의 구성 비중을 유난히 높인 반면 어떤 매장은 다른 매장들이 취급하지 않은 제품을 집중적으로 배치하는 등 각각 특화한 점들이 있었다.

또 매장의 구석구석을 살피다 보니 점장들이 어떤 의도를 가지고 매장을 꾸몄는지, 또 다른 제조사들은 어떤 생각으로 매장을 운영하고 있는지도 알 수 있었다. 예를 들면 대부분의 고객들은 매장에 들어서면 입구에서부터 주로 오른쪽 입구와 통로를 따라 움직이며 매장을 돌아본 후 왼쪽 출구로 빠져 나오기 때문에 '고객서비스 데스크'는 오른쪽에, '계산대'는 왼쪽에 위치하며 제조사들 역시 이 점을 감안하여 자신들의 매대 위치를 유동인구가 집중되는 동선 근방으로 잡으려 경쟁한다는 점도 이때 알게 된 사실이었다.

회사 경영진 중에는 얼마나 많은 매장에 가봤는지를 중시하는 사람들도 있지만, 몇 개의 매장을 보고서도 전체를 보는 안목을 키워야 한다고 생각하는 사람들도 있다. 양쪽 다 맞는 말이라 할 수 있다. 훈련된 안목을 가지고 있으면 하나를 봐도 열을 알 수 있고, 그렇게 되려면 많은 매장을 접해봐야 하기 때문이다. 다수의 매장을 방문 및 조사한 경험을 통해 유통별 매장 특성을 파악하고 각 매장별 차이를 알 수 있는 안목을 갖춘 사람이라면 각 매장들의 매출 규모나 추구하는 바도 추론해낼 수 있다.

매장 방문을 통해 현장을 이해하려면 어느 정도의 사전지식을 쌓는 것이 좋다. "아는 만큼 보인다."라는 말처럼 매장에 대한 사전정보가 있는 상내에서 방문하면 해당 내상의 현안과 문세섬을 좀 더 빨리 찾을 수 있다. 매장이 자리 잡은 위치와 접근성, 전체 매출규모 및 자사 제품의 판매현황 등 사전지식이 있으면 짧은 방문만으로도 많은 정보를 얻을 수 있다. 이러한 계수係數 자료는 매장 직원이나 점장을 통해 확인할 수도 있지만 경영지표의 경우는 현장에서 확인하기 어렵기 때문에 사전에 시장조사기관 등을 통해 파악한 참고자료와 현장의 상황을 비교해볼 필요가 있다.

리테일 매장을 다섯 단계로 파악해라

1) 매장 크기와 방문객 수

매장에 들어서면 제일 먼저 매장의 크기와 방문객 수를 확인한다. 매장 규모가 클수록 장사가 잘되거나 방문객이 많은 중요 매장이라 할 수 있다. 방문객에 대해서는 일일 방문객 수, 가장 붐비는 시간대의 방문객 수와 더불어 연령, 성별, 소비 스타일 등 방문객들의 성향은 어떠하며 그들은 주로 어떤 제품 쪽으로 몰리는지 등을 살펴볼 수 있다.

레이저(혹은 자이로) 센서를 사용하여 방문객 수를 좀 더 전문적으로 카운트하거나 방문객 동선을 그려보는 것은 보다 효과적인 의사결정에 도움이 된다. 시간대별 방문객 수를 집계해보면 영업계획 수립 시 반영할 수 있고 고객 동선을 분석한 결과를 골든 스폿, 즉 소비자들의 동선이 가장 몰리는 지점을 선정하는 데 활용할 수도 있다. 빅데이터 분석은 이런 작은 데이터들이 쌓이고 쌓여 의미 있는 정책을 도출하기 위한 것이다.

2) 특화된 제품의 매장 구성 파악

리테일 매장의 큰 틀이 파악됐다면 그다음에는 각 매장에서 특화된 제품 구성을 살펴봐야 한다. 전자 매장의 경우 고급 주택가가 밀집한 지역의 매장에서는 고급 모델의 전시 비중이 높을 것이고, 유동인구가 매우 많은 역세권의 매장은 모바일 기기와 액세서리의 비중이 높을 것이다. 주의해야 할 점은 체인점의 경우 '특성화 매장'을 만들기 위해 특정 제품의 매출 규모가 크지 않더라도 한 가지 제품을 특화하여 집중 전시한 매장도 있기 때문에 두세 가지 제품군을 크로스 체크해야 한다는 것이다.

경기도 일산의 이마트 킨텍스점이 대표적인 예다. 이곳의 가전 매장 일렉트로마트는 드론과 피규어를 집중 전시한 특성화 매장이기 때문에 전체 고객 중 장난감을 좋아하는 30~40대 성인 남성층의 비중이 30%에 이른다. 이러한 수치가 젊은 남성들이 관심을 보이는 다른 제품(남성복, 스포츠용품 등)의 판매와 연결될 수는 있겠지만 앞서 말한 특성화 제품만큼의 성과를 기대하기는 어렵다.

3) 유사제품 매장의 크기와 직원 수 파악

유사제품을 판매하는 업체의 매장 크기와 판매사원 수도 파악해야 한다. 자사 제품이 진출하지 않은 매장의 경우, 이는 향후 그곳에 입점한다면 매출이 어느 정도 될지 추론해보는 데 있어 중요 요소가 된다.

또한 매장 내에서 동종업계의 제품이 자사와 경쟁 관계에 있는 경우라면 자사가 제품의 시장점유율을 높이기 위해 유통에 과도한 투자를 하고 있는 것은 아닌지도 살펴봐야 한다. 방문객 수가 현저히 떨어지고 매장 내 판매직원 대부분이 주로 자리만 지키고 있는 매장이라면 어떠한 이유에서든 과잉 투자가 우려되니 재검토할 필요가 있다.

4) 현장에서 일하는 직원과의 직접 인터뷰

판매사원과의 현장 인터뷰도 빼놓으면 안 된다. 제품과 관련된 지식 및 시연 능력은 매뉴얼을 통해 프로세스화하여 교육시킬 수 있지만 직원들의 사기와 열정은 계수화할 수 없다. 그러므로 현장 방문 및 판매직원들의 생생한 목소리를 통해 무엇이 문제고, 어떻게 하면 그것을 개선시킬 수 있는지 확인해야 한다.

5) 사전 조사

자사 제품이 판매되고 있는 매장에 방문할 계획이라면 판매량, 인기상품, 소비자 반응 등 기본적인 사항들 외에도 경쟁사 대비 얼마나 넓은 판매공간을 확보하고 있는지, 판매공간 대비 매장 내 판매점유율은 어떤지 등의 데이터를 미리 얻어 방문 전 정리해보자. 또한 해당 매장을 담당하는 영업 및 서비스 인력과의 사전 연락을 통해 매장의 현재 이슈나 최근의 변화 등을 챙겨두면 관련된 미결사항들을 방문 시 해결해줄 수 있다.

매장별 데이터를 수집해라:
리테일 프로파일링

프로파일링profiling이란 수사기법의 하나로 범죄 전 행적, 범죄 행위의 특성 등을 파악하여 범죄자의 유형을 추정하는 기법을 말한다. 리테일 프로파일링 역시 이와 유사한 것으로, 매장에 대한 기본 정보(위치, 규모, 직원 수 등)와 규모를 알 수 있는 데이터(매출, 방문객 수, 경쟁사 동향 등)를 수집하여 매장의 실체를 파악하는 작업을 일컫는다. 앞서 언급했듯 리테일 임파워먼트란 궁극적으로 '매장에 소비자를 모으고, 매장에서 소비자의 마음을 움직여 상품이나 서비스를 구매하게 만들기 위해 행해지는 모든 활동'을 뜻한다. 따라서 매장 정보를 파악하고 이를 이용하여 매장별 중요도를 파악하는 리테일 프로파일링은 리테일 임파워먼트의 첫걸음에 해당한다.

그러면 신규 시장 혹은 유통에 진출하면서 매장에 대한 프로파일링 작업을 효과적으로 할 수 있는 방법은 무엇일까? 유통 업체는 해당 지역에서 이미 오랫동안 사업을 해왔으므로 프로파일링에 필요한 데이터를 자체적으로 보유하고 있다. 때문에 신뢰 가능한 데이터를 확보하려면 해당 유통의 도움을 받는 것이 가장 효과적이라 할 수 있으나, 유통업계는 내부 정보의 공유에 민감하므로 이는 상호신뢰가 상당히 형성된 이후에나 기대해볼 수 있는 일이다.

삼성은 국가별로 10위권 안에 드는 주요 유통 업체와 협업하여 데이터 작업을 진행해왔기 때문에 삼성 제품의 실시간 판매·재고 데이터를 얻을 수 있는 시스템을 구축해놓은 국가가 많다. 그러나 보통의 유통업체는 정보 공개를 꺼리므로 자체 인력과 조사기관을 활용한 정보수집 작업, 즉 매장의 위치와 방문객 수, 매출액, 경쟁사 진출 현황 등의 범주를 정하고 실제 조사에 근거하여 이를 완성해야 한다.

그렇지만 이것은 말처럼 간단한 일이 아니어서 지난한 노력 및 시간과 자금의 투자가 필요하다. 게다가 시장에 대한 이해 부족으로 의미 없는 데이터를 취합하거나 데이터 해석에 오류가 발생하면 프로파일링의 목적인 각 매장의 등급을 정하는 과정에서 엉뚱한 결과가 나올 수도 있다는 점을 항상 염두에 둬야 한다.

매장별 중요도를 부여해라: 리테일 매핑

오랜 해외주재 생활을 끝낼 무렵의 일이다. 한국에 돌아오면 살 곳을 새로 구해야 했는데 고민할 시간이 많지 않아 사무실과 가까운 분당에 자리를 잡기로 했다. 도보 10분 거리에 롯데백화점이 있다는 점에서 생활의 편리성이 보장될 듯도 했다.

그런데 분당으로 이사한 지 몇 달이 지났을 무렵, 롯데백화점 분당점은 필자가 기존에 알고 있던 롯데백화점 본점과 매우 다르다는 것을 깨닫게 되었다. 분당 롯데백화점의 여성복 코너에는 노년층 대상 제품이 많았고 아동복 코너는 염가형 제품의 비중이 높았으며, 전반적인 매장의 규모도 작은 편이라 한마디로 생활형 백화점에 가까웠던 것이다.

그런데 생각해보면 이는 당연한 전략이다. 을지로에 있는 롯데백화점 본점은 유동인구와 관광객을 상대하는 플래그십 스토어인 반면, 분당점은 매출의 60% 이상이 지역주민에게서 나온다. 이처럼 주 고객층이 서로 확연히 다르기 때문에 같은 롯데백화점이라 해도 특화된 제품이나 매장 분위기가 다를 수밖에 없다. 롯데백화점 분당점은 점점 실버타운화되고 있는 분당의 인구 구성을 고려하지 않을 수 없었을 것이다. 한마디로 롯데는 해당 지역의 인구 구성, 소득, 점포 위치 등 각각의 매장에 대한 프로파일링을 완료했고, 이에 근거하여 각 매장의 위상을 파악한 뒤 지역에 맞는 상품구색 방안을 마련했음을 알 수 있다.

지역 특성에 맞춰 매장의 구색상품을 달리하는 것은 범용화된 마케팅 방법인데 조금만 유심히 살펴보면 우리 주변에서 그 예를 쉽게 발견할 수 있다. 해외로 진출한 리테일 매장이 본래의 매장 정체성shop identity은 유지하지만 그 지역에 특화된 메뉴를 개발한다거나(예를 들면 중국 파리바게트의 육송빵, 빵 위에 중국인의 입맛에 맞춘 다진 고기를 얹는 조리빵이다.) 같은 화장품 리테일임에도 학교 앞에 위치하는 경우와 시내 중심가에 위치하는 경우 구색 상품을 달리하는 것 등이 이에 해당한다.

리테일 매핑은 매장의 위상을 파악하는 작업이다. 매핑mapping이란 전산 분야에서 주로 사용하는 용어로 가상주소와 물리주소의 대응 관계 또는 가상주소로부터 물리주소를 찾아내는 작업을 뜻한다. 따라서 '리테일(소매)'과 '매핑(사상寫像)'의 두 단어로 구성된 '리테일 매핑'이란 표현은 ① 매장별 기본 정보(위치, 규모, 직원 숫자 등)와 규모를 알 수 있는 데이터(매출액, 방문객 수, 경쟁사 동향 등)를 파악하는 프로파일링 작업을 마친 후에 ② 이를 바탕으로 복수 매장들의 등급을 정하는 '상대적 위상을 파악하는 작업'을 뜻한다. 이때 복수의 항목별로 순위를 정하면 결론이 다른 여러 개의 순위표가 도출되므로 항목별로 중요도를 나타내는 가중치를 부여할 필요가 있다. 가장 먼저 고려하는 항목은 당연히 매출액이다. 그다음으로 생각해볼 수 있는 것은 방문객 수, 직원 수, 경쟁제품 동향 등이 될 수 있다.

이렇게 매장 등급 작업이 완료된 뒤 필요한 것은 검증 작업이다. 이때는 두 개 이상의 항목을 크로스 체크해보는 것이 좋다.

① 단위면적($3.3m^2$, 약 1평)당 매출액이다. 두 개 매장의 매출액이 비슷하다면 매장 규모가 작은 매장의 서열이 높은 것이다.

② 방문객 수보다 구매자 수가 중요하다. 리테일 매장들을 프로파일링할 때 처음에는 매장당 하루 방문자 수에 가장 높은 가중치를 두었으나, 하루 방문자 수가 가장 많은 매장을 실사해보니 대형 쇼핑몰과 주차장 사이에 위치해 있어서 방문자 대부분이 '지나가는 손님', 즉 '허수'임을 깨닫고 매우 실망했던 경험이 있다. 날것의 데이터에서 중요도를 잘못 이해하여 발생한 대표적 오류라 하겠다.

방문객 수가 중요한 지표인 것은 사실이지만 유동인구의 성격에 대한 고려 역시 빼놓아서는 안 된다. 다시 말해 '방문 의도'를 생각해야 한다는 것이다. 다른 의도와 목적지가 있는 방문객의 경우 매장에서 무언가를 구매할 가능성은 매우 낮다.

③ 매장 전체의 매출과 유사제품 매출의 상관관계가 어떠한지도 살펴 봐야 한다. 가령 가전제품을 판매하고자 하는 매장이 있는데 그 매장의 매출을 식료품이 견인하고 있다면 이때는 매장 전체 매출이 올바른 가중치가 될 수 없다. 이 경우에는 전체 매출보다는 자사와 유사한 제품을 판매하고 있는 경쟁사의 매출과 품목 제품 수량, 매장 크기 등을 파악하는 것이 더 도움이 될 수 있다.

④ 매장의 전체 매출은 높지만 자사 제품의 매출은 부진한 경우도 있다. 전자제품 양판 매장 중에는 고급 주택가나 도심지에 위치하여 높은 매출을 올리는 소위 플래그십 스토어들이 있는데, 이러한 우수 매장도 속내를 들여다보면 평가가 달라질 수 있다. 고급 주택가 인근의 매장들은 대개 대형 TV나 냉장고 등 고가의 가전제품 판매가 매출을 견인하는 경우가 많다. 때문에 팔고자 하는 제품군이 이에 해당되지 않는다면 이러한 매장을 높게 평가할 수 없다. 또한 명동 같은 도심지나 제주 같은 특정 지역에 위치한 매장은 매출액이 매우 높지만 대부분 외국 관광객들이 일으키는 것이기 때문에 대형 TV, 고급 가전, 국내에서만 사용 가능한 휴대폰의 판매는 매우 저조할 가능성이 있다. 이런 경우에는 경쟁사가 해당 매장에 어느 정도의 노출도와 구성으로 제품을 공급하고 있는지 관찰해보는 것이 좋다. "적의 칼로 싸워라."라는 경영 세계의 격언이 있듯이, 경쟁사가 초기 진출 시 많은 시행착오와 자체 학습을 거쳐 얻은 노하우를 파악해서 활용할 수 있는 유연한 자세가 필요하다.

한 가지 주의해야 할 점은 프로파일링과 매핑은 한 번의 조사로 끝나는 것이 아니기 때문에 주기적으로 실시 및 점검해야 한다는 사실이다. 시장 상황 및 경쟁 동향은 살아 있는 생명체와 같아서 예기치 않은 숱한 변수가 존재하므로 항상 주시해야 할 필요가 있다.

매장 차별화로 선택과 집중을 해라: 유통 정책

지금은 미국의 이동통신사 스프린트Sprint에 합병되어 명맥만 유지되고 있는 미국 전자유통점 라디오쉑Radio Schack은 한때 점포 수 7,000개 이상의 대규모 유통망을 자랑했다. 이러한 양판형 유통에 진출한다면 유통재고 운용 방안을 신중히 검토해야 한다.

물건을 팔려면 각 매장에 최소 한두 대라도 재고를 보유해야 한다. 다시 말해 7,000개 이상의 지점을 보유한 대규모 유통업체를 통한다면 유통재고만 해도 1만 대가 훌쩍 넘는다는 뜻이다. 문제는 라디오쉑의 판매 능력이 매우 열악하여, 상위 10%를 제외한 대부분의 매장들이 주당 한 대를 판매하는 것도 어렵다는 점이다. 3~4주 정도의 유통재고가 정상적인 상태라고 할 때 라디오쉑의 경우 힘들게 신제품을 매장에 깔아놓으면 바로 과잉재고가 되어버리는 악순환이 반복될 가능성이 있다.

• 전체 재고: 7,000개 매장 × 매장당 두 대 = 1만 4,000대

- 주당 판매수량: 상위 10%, 700개 매장에서 한 대 판매 = 700대
- 유통재고: 전체 재고 1만 4,000대 ÷ 주당 판매 700대 = 20주

이러한 문제를 방지하려면 리테일 매핑 시 진행한 매장 등급화 작업에 근거하여 유통 정책distribution policy을 정해야 하는데, 이때 고려할 것이 '뉴메릭 디스트리뷰션(numeric distribution, 단순 유통진출율)'과 '웨이티드 디스트리뷰션(weighted distribution, 매중 가중치를 반영한 유통진출율)이다. 뉴메릭 디스트리뷰션은 전체 매장 중 자사 제품이 공급되는 매장 수의 단순 비율을, 웨이티드 디스트리뷰션은 전체 매장 매출의 총합에서 자사 제품이 공급되는 매장의 매출이 차지하는 비중을 말한다. 후자의 방법은 매출 기여도가 큰 매장을 집중 관리하여 매출을 극대화하려는 경우에 주로 사용된다.

라디오쉑의 경우 모든 숍에 한두 대씩 재고를 배치하면 뉴메릭 디스트리뷰션은 100%가 된다. 그러나 매출에 가중치를 부여한 유통정책을 시행하기 위해 상위 10% 매장을 1등급, 나머지를 2등급으로 묶고 1등급 매장들에만 물량을 공급하면 뉴메릭 디스트리뷰션은 10%에 불과하지만 웨이티드 디스트리뷰션은 100%가 된다.

잘 팔리는 매장 위주로 물량을 집중 공급하는 웨이티드 디스트리뷰션 방법을 활용하면 비록 2등급에 속한 90%의 매장은 제품을 공급받지 못해 매출에 기여할 기회를 잃지만 1등급 매장들의 매출이 극대화될 뿐 아니라 본사의 한정된 인력으로 소수의 매장을 집중 관리할 수 있으므로 효율성이 배가될 수 있다. 모든 매장에 제품을 배치하여 노출노를 높이

는 방법과 유통 내에서 회전율을 높이는 방법은 각각 분명한 장단점들이 있는데, 어떤 방식을 택할 것인지를 정할 때 활용할 수 있는 것이 바로 리테일 매핑이다.

리테일 매핑을 활용한 유통 관리 사례: 삼성 스페인 판매법인

2008년 삼성전자 스페인 법인은 인력이 부족했던 탓에 소위 '메가스토어 mega store, 즉 300평이 넘는 초대형 매장들에 마케팅 활동을 집중시켰다. 직접 매장을 방문한 머천다이저들이 전시 현황 점검, 프로모션 발행물 배포, 매장 내 영업 인력 교육 및 매장 업데이트 등을 하는 정기방문 및 특정 기간 동안 한시적으로 진행하는 특정 제품 프로모션 등의 주요 활동들은 법인이 주재하고 있는 마드리드 시내외의 초대형 매장을 중심으로 이루어졌다.

국가경제활동이 서울과 수도권에 집중된 한국과 달리 대부분의 유럽 국가들은 지방도시가 매우 발달해 있다. 스페인만 하더라도 인구 10만 이상의 지방도시가 20여 개 이상인데, 당시 삼성법인에서 관리하는 매장은 마드리드와 바르셀로나, 발렌시아, 빌바오, 세비야 등 5대 도시에 집중되어 있었다. 때문에 이들 도시를 제외한 지역에서는 삼성전자 가전제품의 시장점유율이 취약했다.

2010년 삼성전자 스페인 법인은 리테일 임파워먼트 프로젝트의 시범 해외법인으로 선정되어 스페인 구석구석의 리테일 매장을 대상으로 방대한 전수 조사를 시작했다. 직원들은 "그 많은 매장들을 언제 다 방문하냐."라며 불만을 표시했고 지방 영업을 담당하는 영업 인력은 자신이 관할하는 매장의 세세한 정보가 본사와 경영진에게 노출됨으로써 자신들의 업무에 대한 평가가 이뤄지는 것에 대한 불안을 나타내기도 했다. 그러나 성과가 있을 것이라는 확신이 있었기에 직원들을 설득하며 조사를 시작할 수 있었다.

우선 전국의 약 1,100여개 매장을 면적과 매출로 구분했다. 거래처가 매장의 전체 매출 데이터 공개를 꺼리는 경우에는 삼성전자 제품의 매출이나 프리미엄 제품 매출의 비중 등을 기준으로 정하고 그에 따라 각 매장들을 자사 혹은 매장 전체의 매출 규모에 따라 A~D 등급으로 나눴다.

이런 작업이 완료되자 직원들도 조금씩 변화하기 시작했다. 그전까지는 메가 스토어에만 집중되었던 관심이 전체 개별 매장에 대한 정보와 함께 중소 매장으로까지 확대되었기 때문이다. 대형 유통별 영업 담당자들은 프로젝트가 끝나고 정리된 데이터를 보면서 지점별로 부진한 곳, 전략적으로 투자해야 할 곳이 정리되어 업무에 있어서의 우선 순위를 정할 수 있고, 산하 지역 판매인력에게 명확한 업무를 부여할 수 있게 되었다고 평가하며 이렇게 말했다.

"그전에는 성가신 작업일 것 같아서 반대했었는데 막상 리테일 매핑을 해놓고 보니 예전에는 큰 매장 중심으로만 영업을 해온 것 같다는 생각이 드네요. 리테일 매핑 이후로는 자칫 놓치기 쉬운 중소 매장의 상황을 마도 볼 수 있고 그에 따라 더 세심한 지시의 즉각적인 개선 행동을 할 수 있어 좋습니다."

법인에서 고용한 21명의 머천다이저가 매장을 방문하는 계획도 A등급 매장은 주 2회, B등급 매장은 주 1회, C등급 매장은 2주에 1회, D등급 매장은 매월 1회 식으로 우선순위를 정하고, 매장 전시 제품을 교체하는 작업도 A등급 매장부터 시작했다. 매장 정보는 160여 명의 판촉사원을 통해 확보했는데 이들의 파견도 A, B 매장에 집중시켰다.

이러한 리테일 매핑으로 전국 매장의 중요도 및 필드 인력이 방문하여 가져오는 주별 데이터를 정리한 뒤, 투자한 비용이 매장에서 매출 확대의 결과로 나타났는지 확인하고 문제가 생기면 개선하는 작업을 하게 되었다. 이를 통해 각 마케팅 부문에 대한 의사결정도 더 쉽게 할 수 있었음은 물론이다.

삼성전자 스페인 법인의 영업 담당자들이 모이는 영업마케팅 회의에서는 전국 매장의 판매상황, 재고, 상황을 모니터링하면서 필요할 경우 머천다이저와 판촉사원 등 필드 인력의 재배치를 결정했다. 각 지역의 판매와 재고 상황을 보면서 회의를 하다 보니 해당 지역 판매사원에게 전화를 걸어 영업 담당자가 그 매장에 방문해서 어떤 조치를 취했는지 실시간으로 확인하고, 지원이 필요한 것들에 대한 협의도 자연스럽게 할 수 있었다. 즉, 마드리드 본사와 지역 매장 간 쌍방향 커뮤니케이션이 가능해진 것이다.

이에 따라 어떤 지역에서 판매가 좋은 모델의 재고가 부족하면 상대적으로 판매가 저조한 지역에서 재고를 가져오거나, 공급이 부족한 제품은 재고가 과다한 모델로 충당하는 등의 제품 재배치도 가능해졌다. 더불어 논의되는 지역의 부족 현상들을 알게 된 영업 인력들이 사전에 재고를 점검함으로써 상대적으로 판매의 실기失期를 최소화하는 효과도 거둘 수 있었다.

점검하고 개선해라: 매장 성과 관리

작은 점포를 소유하고 있거나 거대 유통 혹은 매장을 운영하는 사람들은 규모에 관계없이 자기 사업의 현재 상태를 항상 궁금해하기 마련이다. 이는 자동차를 운전할 때 수시로 속도 또는 냉각수 온도계와 엔진 오일 상태를 확인하면서 그것을 근거로 과속을 하고 있지는 않은지, 엔진은 과열되지 않고 정상적으로 작동되고 있는지를 판단하는 것과 같다. 문제는 매장을 운영하면서 얻어지는 수많은 정보들(매출, 이익, 재고 등) 중 어떤 항목이 매장 운영의 성과를 가장 효과적으로 나타내주느냐 하는 것이다. 이러한 문제를 해결하기 위해 고안된 것이 핵심성과지표(KPI, key performance indicators)다.

KPI는 매장 운영의 건강도를 측정하는 지표로서 현재 상태는 물론 부족한 부분의 개선을 위해 향후 어떠한 조치를 취해야 하는지를 알 수 있게 해준다. 앞서 예로 들은 자동차 계기판의 속도계, 온도계 등과 같이 KPI는 매출, 재고 등 정량화할 수 있는 지표로 계수화되어야 한다. 객관적 수치로 표시될 수 없는 정성적 지표인 '직원의 시기' 등은 KPI로 사용하기 곤란하다.

KPI 항목은 무수히 많고 유통별로 다를 수 있지만 통상 리테일 업계에서는 다음의 열 가지를 가장 유의미한 성과지표로 사용하고 있다. 그중에서도 가장 눈여겨봐야 하는 항목은 단위면적당 매출액, 순 추천고객지수, 수익성, 구매전환율이다. 또한 관리의 핵심은 '얼마나 자주 목표 대비 실적을 점검할 것인가?' '한 번 정한 KPI를 언제까지 유지할 것인가?'로 압축될 수 있다.

1) 단위면적당 매출액

단위면적당 매출액sales per square meter은 매장의 평균 매출액을 매장 크기로 나눈 것을 말한다. 10평 크기의 매장을 운영하면서 한 달에 1,000만 원의 매출을 일으키고 있다면 단위면적당(평당) 매출액은 '1,000만 원÷10평 = 100만 원'이 된다. 단위면적당 매출액은 매장 공간을 얼마나 효율적으로 사용하여 매출을 극대화하고 있는지를 나타내는 지표로서 두 곳 이상의 매장에 대해 위치, 전시배열, 운영수준 등을 평가할 때 유용하다. 단위면적당 매출액은 1년에 한 번, 임대료 협상 시, 매장의 레이아웃을 변경할 때 확인해야 한다.

단위면적당 매출액에서 좀 더 발전시킨 개념이 점포 임대료에 의한 '간이 수익성 분석'이다. 매출에서 임차료가 차지하는 비율인 임차료비율은 '임차료÷월평균 매출액'으로 구하는데 대개 외식업은 9%(11배), 소매업은 6%(17배), 서비스업은 14%(6~8배)다. 외식업의 경우 일반적으로 임차료비율이 10%를 넘으면 매장에 과다투자를 하고 있다고 본다.

2) 순 추천고객지수

순 추천고객지수net promoter score, 즉 NPS는 베인앤컴퍼니Bain&Company의 프레드 라이켈트Fred Reichheld가 2000년 창안한 고객만족지수로, '추천의향'이라는 단 하나의 문항으로 고객충성도(로열티)를 측정하는 방법이다. 추천의향 문항을 0~10점까지 11개 척도로 측정하고 추천고객비율(P)에서 비추천 고객비율(D)을 빼서 산출한다(P-D=NPS).

NPS의 목적은 고객들의 추천 의향을 높임으로써 이미 매장을 방문한 고객이 그곳을 재방문하거나 주변 사람들에게 추천하게끔 유도하고, 이로써 잠재 고객을 발굴하는 것이다. 하지만 매장을 다녀간 고객을 일일이 면담하여 얻어지는 지표라 측정이 어렵고 상위점수를 받는 것 또한 쉽지 않다. 가령 NPS가 80점 이상이라는 것은 매장을 다녀간 10명의 고객 중 한 명만 서비스에 만족하지 못했음을 뜻한다. 가전제품의 애프터서비스 후 소비자가 받는 해피콜 역시 대표적인 NPS 측정 방법이다.[32]

3) 수익성

수익성return of investment은 투자액 대비 얼마나 많은 매출을 일으켰는가를 나타내는 지표다. 투자의 의미는 초기 자본, 매장 설치비 등 여러 가지로 해석될 수 있으나 여기서는 판매를 위해 확보한 '총 재고금액'으로 한정한다.

가령 800만 원의 재고(총 재고금액)를 확보하여 1,000만 원의 매출(판매액)을 창출했다면 1,000만 원(판매액)÷800만 원(총 재고금액)=1.25%(투자회수율)이 된다. 투자회수율은 리테일의 종류에 따라 상이한데 일반적인 소매업의 경우 1.65%, 외식업의 경우는 1.4% 정도를 기준으로 한다.

4) 구매전환율

구매전환율conversion rate은 매장 방문객 수 대비 실제 제품을 구매한 고객의 비율을 말한다. 즉, 매장 방문 유동인구를 판매건수로 나누면 구매전환율을 구할 수 있는데, 이는 매장당 성과(고객만족도, 전시상태, 체험)를 가장 잘 표현해주는 지표다. 매장 중에는 방문객은 많지만 구매전환율이 낮은 곳들이 있는데, 이런 경우는 고객을 매장으로 불러모으는 데는 성공했지만 매장 내 서비스가 고객의 기대에 미치지 못했기 때문이다. 때문에 판매사원을 재교육시키거나 제품 구색을 개선하는 등 매장 내 서비스의 향상 방안을 마련해야 한다.

5) 매장방문 유동인구

일정 시간당 매장에 방문한 고객 수가 곧 매장방문 유동인구foot traffic다. 이는 단순한 방문객 숫자만을 나타내는 것이 아니라 매장에 머문 시간, 가장 많이 둘러본 제품 등 무의식중에 고객이 한 행동들 또한 포함한다는 점에서 중요한 지표다. 매장의 규모가 작은 경우는 직접 육안으로 관찰하는 것이 가능하지만 대형 매장은 트래픽 카운터나 열감지센서 등 IT 기기를 활용하여 측정하는 것이 일반적이다. 고객이 어떤 전시나 배너에 흥미를 보였는지, 이로 인한 고객들의 이동경로는 잘 유지되고 있는지를 알 수 있는 것이 이 지표기 때문에, 매장의 피크타임은 언제고 직원들은 어떻게 배치해야 할지를 판단할 때 활용할 수 있다.

6) 판매건수

판매건수sales count는 글자 그대로 판매가 이루어진 횟수, 즉 일정 시간 동안 얼마나 많이 판매했는지를 보여주는 지표로서 계산대의 금전등록기 등을 통해 쉽게 파악이 가능하다. 판매건수는 매장의 업무량을 나타내 주기 때문에 직원 배치 등을 결정하는 데 유용하게 활용되며 향후 채용 및 재고운영 계획 수립 시에도 기본 정보를 얻을 수 있는 수단이 된다.

7) 평균 판매액

고객 1인당 평균 구매액을 뜻하는 평균 판매액average transaction value은 매출을 구매건수로 나누어 구할 수 있다. 이 지표를 활용하여 해당 매장의 매출이 고가품이나 중저가품 중 어느 것을 위주로 발생하는지 알 수 있다. 판매 물량은 많지만 평균 판매액이 낮은 경우에는 매장 내 판촉 활동을 강화하고 업셀링, 번들(bundle, 동종의 상품 세 개를 구매하면 두 개 가격만 받는 식의 묶음 판매 기법) 등 고객들이 지갑을 더 열게 하는 방안을 강구해야 한다.

8) 이익률

이익률profit margin은 매출에서 이익이 차지하는 비중이다. 매출은 늘었지만 그 매출을 일으키기 위해 매출보다 더 많은 비용을 지출했다면 이익률은 악화된다. 이익률은 사업의 건전성을 나타내는 지표기 때문에 이익률이 낮은 경우에는 제품 구매단가를 낮추거나 비용을 줄이는 등의 효율화 활동이 필요하다.

9) 재고회전율

일정 기간 동안 얼마나 많은 상품을 판매했는가를 나타내주는 것이 재고회전율stock turns으로, '매출액÷초기 재고액×100'의 식을 통해 구한다. 재고회전율이 높다는 것은 재고가 잠겨 있지 않고 많은 제품을 판매했다는 것을 의미한다. 이를 통해 얼마나 자주 재고를 재구매해야 하는지, 또 재고가 과다한 상태는 아닌지를 알 수 있기 때문에 의사결정의 기본 자료가 된다. 만약 재고회전율이 낮은 제품이 있다면 할인하여 판매하는 등의 방안을 고려해야 한다.

10) 반품률

반품률product returns은 매출액(건)에서 반품된 제품액(건)이 차지하는 비율을 나타낸다. 반품률이 높다는 것은 상품 구색이 고객의 마음에 들지 않았거나 판매사원의 서비스, 더 나아가 제품 마케팅이 제대로 이루어지지 못했음을 뜻한다.

반품률을 낮추려면 무엇보다 반품의 이유를 명확하게 파악하고 해당 원인에 맞게 대응하는 것이 필요하다. 신제품 출시 후 반품률이 증가했다면 마케팅 메시지를 좀 더 명확하게 하여 대응하고, 제품에 대한 고객 이해의 부족으로 반품된 경우라면 판매사원 교육을 강화해야 한다. 빅세일 이후에는 반품률이 크게 증가하는 경향이 있으므로 할인율이 일정 수준을 넘어가는 경우에는 반품 불가 등의 조건을 거는 것도 반품률을 낮출 수 있는 한 가지 방법이다.

소비자 의사결정 과정

소비자가 구매를 결정하는 데 가장 큰 영향을 미치는 요인으로는 온라인 몰의 경우에는 최저가, 오프라인 매장에서는 프로모터에 의한 데모와 판촉활동 등이 있다. 소비자 의사결정 과정(CDJ, customer decision journey)은 고객의 물건 구매 과정을 단계별로 세분화하고, 각 단계에 따라 브랜드가 해야 하는 것들을 정리해놓은 것이다.

우리가 물건을 구매하는 과정을 생각해보면, 대개의 경우 '제품에 대한 고려→시장조사→구매→사용 경험'의 순서를 거치게 된다. 때문에 기업은 매장과 제품 전시를 설계하는 데 있어 소비자의 이런 경험을 단계별로 구분하고 각 단계에 최적화된 마케팅 방법을 선택하여 소비자의 마음을 변화시키려 한다.[33]

이를 위해 매킨지에서 제시한 4단계 순환모델을 참고해보자.

① 제품에 대한 고민: 어떤 제품이 필요하다는 것을 인식한 소비자는 구매를 고려하는 브랜드 리스트를 떠올리게 된다. 브랜드 인지도가 가장 큰 영향을 미치는 단계다.

② 적극적인 평가 및 고려: 소비자는 정보를 검색하거나 수집하여 자신이 원하는 브랜드를 추가 혹은 삭제한다. 구매로 이끄는 트리거 포인트trigger point는 이 단계에서 발생한다.

③ 구매 순간: 소비자는 구매의 순간에 특정 브랜드를 확정한다.

④ 구매 후 평가: 제품을 구매한 뒤 해당 제품이나 서비스를 평가하고, 그것을 다음 구매에 반영한다. 구매 후 평가 결과에 따라 충성고객이 된 소비자들은 해당 브랜드나 제품의 구매를 반복적으로 실행함으로써 선순환 구조를 만든다.

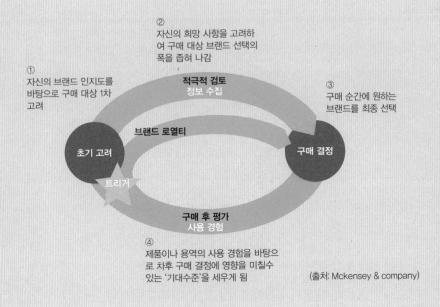

② 자신의 희망 사항을 고려하여 구매 대상 브랜드 선택의 폭을 좁혀 나감

① 자신의 브랜드 인지도를 바탕으로 구매 대상 1차 고려

적극적 검토
정보 수집

③ 구매 순간에 원하는 브랜드를 최종 선택

브랜드 로열티

초기 고려

구매 결정

트리거

구매 후 평가
사용 경험

④ 제품이나 용역의 사용 경험을 바탕으로 차후 구매 결정에 영향을 미칠수 있는 '기대수준'을 세우게 됨

(출처: Mckensey & company)

AR 마케팅

🏷️ 증강현실(AR, augmented reality)은 실사實寫에 정보나 재미를 추가하는 기술을 일컫는다. 모바일 카메라를 활용하여 실제 환경에 게임 캐릭터가 등장하게 한 게임 '포켓몬고', 안경을 착용하면 보이는 현실 속 아이템에 관련 정보를 띄워 알려주는 구글 글래스Google Glass를 떠올리면 쉽게 이해할 수 있다.

이러한 증강현실은 향후 리테일에 큰 변화를 가져올 것으로 예견된다. 증강현실이 리테일에 적용된 가장 대표적인 예로는 버버리Burberry와 랄프 로렌Ralph Lauren이 선보인 '스마트 미러'가 있다. 소비자는 스마트 미러가 제공하는 가상 착용fitting 기능을 이용하여 실제로 옷을 입어보지 않고도 자신에게 어울리는지를 판단할 수 있다.

버버리의 스마트 미러는 스마트 기능이 내장된 매장 내부의 거울을 통해 고객이 원하는 아이템의 정보를 제공한다. 매장을 방문한 고객이 특정 제품을 집어 들면 제품 태그에 부착된 칩이 주파수로 스마트 미러를 작동시켜 제조 과정과 색상, 가격 등 해당 제품과 관련된 다양한 정보를 거울 화면에 띄워준다. 뿐만 아니라 스마트 미러는 소비자의 선호도와 구매 패턴 등을 빅데이터로 축적하기 때문에 향후 추가 마케팅에도 활용할 수 있다.

09
프로모션 활동
_제값 받으며 많이 파는 비결

영업·마케팅 활동의 궁극적 목적은 자사의 제품을 많이 팔아 매출과 이익을 창출하는 것이다. 판매망을 확보하고 매장 전시 및 판매사원을 위한 교육과 훈련에 많은 노력을 기울이는 것도 결국은 제품 판매를 위한 활동이다.

그러나 판매의 마지막 단계는 '유통'을 통한 '소비자의 구매 결정'임을 잊어서는 안 된다. 유통과 긴밀한 협력 관계를 유지하여 소비자 접점인 매장에 제품을 전시하고, 소비자와의 커뮤니케이션에서 무엇을 어떻게 소구해야 효과적으로 구매 의사결정 과정에 영향을 미칠 수 있는가를 항상 고민해야 하는 이유다.

물건을 팔 때 무엇보다 중요한 과정은 소비자로 하여금 해당 제품을 구매하겠다는 결정을 즉시 내리게 하는 것이다. 어떻게 권해도 결국 구매여부를 결정하는 주체는 소비자기 때문이다. 그러므로 앞서 이야기한 모든 리테일 마케팅의 기술은 구매를 결정짓는 프로모션으로 연결해야 한다. 소비자의 발걸음을 돌려 매장으로 안내하고, 브랜드를 눈에 잘 띄게 하여 그 브랜드의 제품을 보게 하고, 제품을 직접 체험하는 기회를 제공해도 결국 그 물건을 들고 계산대로 향하게 하는 것은 '프로모션'으로 귀결된다.

프로모션으로 구매 결정을
내리게 해라

소비자로 하여금 구매를 결정하게 하는 프로모션 활동에는 크게 두 종류가 있다. ① 최종 판매가를 낮춰주는 가격 할인 프로모션과 ② 소비자가 생각하는 제품의 가치를 높여주는 비가격 프로모션이 그것이다.

1) 돈으로 시장점유율을 사려 하지 마라

계절별 정기세일, 핫딜, 클리어런스 세일 등 가격 할인은 소비자의 구매를 유도할 수 있는 가장 확실한 방법이다. 확판 계획을 세울 때 가장 먼저 생각하는 방법은 '싸게 많이' 파는 것이고, 가장 마지막으로 고려하는 방법 또한 '가격 할인'이다. 필자가 영업을 하면서 선배들로부터 자주 듣던 말 중 하나가 "돈으로 시장점유율을 사려 하지 마라."였다. 과도한 가격 할인으로 무리하게 시장점유율을 높이려 하지 말라는 뜻이다. 이 말에 쉽게 반박하기 어려운 이유는, '싸게 많이' 파는 전략은 경쟁사가 가장 따라 하기 쉬운 마케팅 정책인 데다 이렇게 높인 시장점유율은 더 싼 가격을 내세우는 경쟁자가 출현했을 때 힘없이 무너져 내릴 수밖에 없기 때문이다.

가격 할인의 가장 큰 부작용은 소비자를 바겐 헌터(bargain hunter, 가격이 싸지기만을 기다렸다가 구매하는 소비자)로 만들 뿐 아니라 중장기적으로는 정상가 제품의 판매율을 떨어뜨려 회사 재무구조는 물론 브랜드 가치에도 부정적 영향을 미친다는 것이다. 요컨대 가격할인을 통한 판촉은 마약과 같아서 즉각적인 판매 효과를 거둘 수는 있지만 너무 자주 사용하면 효과가 반감되어 점차 할인폭을 증가해야 하는 문제에 봉착하게 된다. 제품이 바겐 헌터들의 표적이 되기 시작하면 정상적인 판매를 기대하기 힘들어지므로, 기업들은 적절한 판촉 전략을 통해 바겐 헌터들과 경쟁자를 공략할 필요가 있다.

일례로 애플은 제품의 라이프 사이클에 맞춰 TV 등의 매체 광고와 가격 할인을 철저히 관리했다. 애플의 사례는 역설적으로 잦은 가격 세일이 정상적인 판매에 어떤 영향을 끼치는가를 생각해보게 하는 좋은 예도 된다.

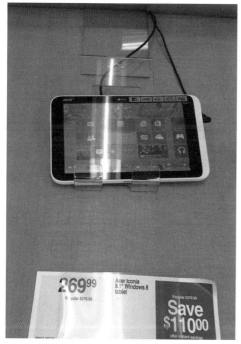

◀ 신학기 기간을 맞아 가격 할인 중인 대만 에이서(Acer) 사의 태블릿PC. 할인의 폭은 브랜드 위상 및 경쟁사 대응에 따라 결정된다.

2010년 4월 3일 미국에서 아이패드를 출시하면서 태블릿PC 시장을 창조한 애플은 미국 내 태블릿PC 시장이 성숙기에 도달하는 2013년까지 가격 할인을 철저히 통제했다. 이러한 마케팅 정책은 소비자들에게 '애플은 할인을 하지 않는 회사'라는 이미지를 각인시켰다. 뿐만 아니라 애플이 연중 유일하게 할인판매를 실시하는 블랙프라이데이 세일 기간 동안에는 판매가 폭발적으로 증가하는 양상으로 이어졌는데, 특정 유통에서는 이때 연간 판매 물량의 20%를 팔아치우는 기록을 세우기도 했다.

경쟁사들이 시장에 대거 진입하고 수요가 쇠퇴기로 진입한 2015년 이후부터는 애플도 필요할 때마다 수시로 할인판매를 시행했지만 예전과 같은 확판 효과는 보지 못하고 시장 평균 수준인 20~30% 정도의 추가 판매만 달성했다. 경쟁사와 차별화된 가치로 프리미엄 제품을 표방하는 애플도 레드오션에서는 가격할인으로 물량 공세를 할 수밖에 없는 상황에 이른 것이다.

2) 할인만큼이나 효과적인 비가격 프로모션

직접적인 할인보다 소비자가 생각하는 제품의 가치를 높여 판매를 촉진시키는 방법이 비가격 프로모션이다. 화장품에 샘플을 끼워주거나 상품을 정상가에 판매하며 액세서리나 옵션 제품을 무상으로 제공하는 것, 또는 두 개의 제품을 같이 포장하여 한 개 가격으로 판매하는 것 등이 비가격 프로모션으로 자주 활용되는 방법이다. 비가격 프로모션은 제조(공급)업체들이 선호하는데, 그 이유는 ① 제품이 정상가를 유지하므로 가격 포지셔닝이 무너지는 것을 걱정하지 않아도 되고, ② 옵션 제품을

▲ 25만 원 상당의 소프트웨어를 탑재하여 출시한 삼성의 태블릿PC. 가격 할인 대신 제품의 부가가치를 높여 판촉한 사례다.

무상 제공하는 경우 소비자가 느끼는 가치(옵션의 소비자 가격)와 대비하여 제조업체가 부담하는 비용(옵션물의 제조원가)이 낮기 때문이다.

그렇다면 이러한 비가격 프로모션은 가격 할인만큼이나 효과적인 방법이라 할 수 있을까? 정상적인 판매 환경에서 프로모션을 통해 30% 정도의 추가 판매를 기록했다면 해당 프로모션은 성공적이었다고 할 수 있는데, 경험에 비추어 보면 비가격 프로모션으로도 충분히 이러한 수준에 도달할 수 있다. 우리가 말하는 비가격 프로모션이라는 것이 결국은 우회적인 할인판매라서 절대적인 효과는 가격할인의 경우와 동일하다고 할 수 있겠다.

비가격 프로모션은 소비자에게 생소한 새로운 제품의 가치를 전달하는 방법으로도 적극 활용할 수 있다. 가령 스마트TV에 연간 10만 원 상당의 넷플릭스 이용권이 함께 제공되는 번들 프로모션은 '스트리밍 서비스를 이용해 집에서 최신 영화 콘텐츠를 즐길 수 있다'는 스마트TV 제품의 새로운 가치를 전달한다.

3) 매장 판매사원을 적극 활용해라

어떤 매장이 판매직원에게 판매수당을 지급하는지 아닌지는 직접 매장에 방문하여 판매원이 고객을 대하는 태도를 조금만 관찰해도 알 수 있다. 판매수당을 지급받는 판매직원들은 그렇지 않은 이들에 비해 당연히 훨씬 더 진지한 태도로, 또 마지막까지 거래를 성사시키기 위해 최선을 다하는 모습을 보인다. 필자가 경험한 어느 판매원은 자신이 받을 판매수당을 활용하여 판매가를 낮추면서까지 물건을 팔고자 하는 성의를 보였다.

이렇게 확실한 동기부여 방법을 판촉의 수단으로 활용하고자 고안된 프로모션 아이디어가 바로 '매장 판매원의 특별 판매수당 제도(SPIFF, special promotional incentive for floor sales person)다. SPIFF을 지불하는 주체는 매장을 운영하는 유통이 아니라 제조업체가 대부분인데 1등 브랜드 업체보다는 2등 브랜드 업체들이 주로 활용한다. 리테일에서는 인지도가 높고 매출을 일으키기 쉬운 1등 브랜드 제품의 판매에 주력하는 것이 일반적이라, 2등 브랜드 업체들은 궁여지책으로 SPIFF을 통해 매장직원의 판매 능력에 의존하려는 것이다.

반면 매장을 운영하는 유통업체들은 자신들의 판매정책에 반하는 제조업체의 SPIFF을 금지하는 방향으로 제도를 수정함과 더불어 개인별 판매수당보다는 팀별 혹은 매장 단위의 판매목표를 달성할 때 그에 따른 수당을 지급하는 형식으로 인센티브 제도를 운영하고 있다. 결과적으로 매장에 입점시켰다는 것만으로 물건이 팔리는 시대는 지난 셈이니, 개별상품 판매에 대한 인센티브 이외에 판매사원을 활용할 수 있는 방법에 대한 연구도 필요하다.

4) 무한반복은 인지도를 구매로 연결시킨다

TV나 신문 광고를 유심히 살펴보면 생소한 브랜드보다 이미 상당한 인지도를 확보한 브랜드의 제품들이 대부분을 차지하고 있음을 알 수 있다. 이미 소비자에게 익숙한 브랜드들이 동일한 메시지를 반복 재생하는 역설적인 현상이 일어나는 이유는 무엇일까?

허버트 크루그먼Herbert Krugman이라는 심리학자는 1972년 소비자들이 광고에 반복적으로 노출되면서 가지게 되는 효과를 심리적으로 개념화한 '광고 반복의 효과three hit theory'를 발표했다. 어떤 광고를 처음 본 소비자는 '이 제품(혹은 브랜드)은 뭐지?'라는 기본적인 의문, 즉 호기심을 갖게 된다. 그리고 동일한 광고를 두 번째로 접하면 볼 때는 '이 브랜드는 무엇에 관한 걸까?'라고 생각하며 유사 브랜드와 비교·평가하게 된다. 또한 세 번째 광고에 노출될 때면 이전 두 번의 노출에 대한 기억을 떠올리는데, 광고의 효과는 바로 이때 발생한다. 요컨대 크루그먼의 이론은 '광고가 제 효과를 발휘하려면 소비자가 최소 3회는 그 광고에 노출되어야 함'을 의미한다.[34]

1990년대 초반 미국이나 유럽 등 국제공항 내의 수하물용 카트에는 예외 없이 삼성과 LG의 기업 로고가 붙어 있었다. 당시 한국 기업들은 브랜드 인지도를 높이기 위한 홍보 활동을 본격적으로 시작했지만 특별히 내놓을 만한 일류 제품이 없었던 관계로 제품보다는 브랜드만을 노출시키는 기업 이미지 광고에 주력했다. 삼성과 LG는 전자제품의 소비층을 고려했을 때 가장 좋은 마케팅 장소는 중상류층이 이용하는 공항이고, 대부분의 여행객들이 한 번쯤 이용하는 카트가 훌륭한 플랫폼 역할을 할 것이라고 예상했다.

그런데 한 가지 문제가 발생했다. 별다른 문구 없이 카트 전면에 기업 로고만 붙여놓은 데다 두 회사가 경쟁적으로 전 세계 공항에서 동시 다발적으로 광고를 하다 보니 많은 사람들이 삼성과 LG를 세계에서 제일 큰 카트 제조사로 오해하는 웃지 못할 일이 벌어진 것이다.

20년도 넘은 얘기를 다시 꺼내는 이유는 이 사례가 우리에게 두 가지 교훈을 주기 때문이다. 하나는 브랜드에 대한 소비자 인지도를 확실히 만들어내려면 엄청난 물량의 대규모 캠페인이 필요하다는 것이고, 다른 하나는 '광고의 목적은 (인지도 향상이 아닌) 판매 증가'라는 기본 원칙에 충실해야 한다는 것이다. 여기서 벗어나면 광고 효과는 전혀 없거나 엉뚱한 방향으로 흘러가게 된다.

크루그먼은 최소 3회라고 이야기했지만 광고의 효과가 발생하려면 실제로는 그 이상의 반복이 필요하다. 광고는 단순히 인지도를 향상시키는 것이 아니라 소비자의 구매 의도를 창출해내야 하는 것이기 때문이다.

현업에서 TV 광고를 진행하기 위해 기안을 올릴 때마다 경영진으로부터 들었던 질문은 "TV 광고는 돈을 허공에 뿌리는 것과 마찬가지인데 이렇게 해서 판매 목표를 달성할 수 있겠어요?"였다. 한마디로 돈만 많이 들고 효과는 매우 미미하다는 것인데, 실제로 TV 광고를 시행해서 단기간에 원하는 만큼의 판매 증대를 거두기 어려운 것은 사실이다. 신제품 출시에 맞춰 수차례 TV 광고를 해보니 사전에 인지도가 어느 정도 확보되어 있느냐에 따라 광고 효과에도 큰 차이가 있음을 알 수 있었다.

어느 정도 반복해서 광고를 해야 하는 것이 좋은지, 즉 적정 반복 횟수는 몇 번 정도인지 정확히 정해진 답은 없다. 다양한 외부 요인들이 영향을 미치기 때문인데, TV 광고는 비타민 복용과 같아서 지금 당장은 효과를 볼 수 없다 해도 장기적인 계획하에 꾸준히 집행하면 소정의 효과를 얻을 수 있다는 것이 리테일러들의 생각이다. 많은 비용을 감당할 수 있는 브랜드만이 시행하고 있는 '광고의 역설'이 생기는 이유가 바로 이것 때문이다.

5) 올바른 확판 정책은 칵테일 요법이다

그렇다면 확판을 위한 효과적인 마케팅 정책은 무엇일까? 이에 필요한 기본 전제는 '최대한 제값을 받고 경쟁자를 견제하여 우리 제품의 판매를 늘리는 것'이다. 이를 위해서는 열린 생각으로 시장의 상황과 제품의 라이프 사이클에 맞추어 적절한 처방을 해야 한다. 다시 말해 한 가지 방법만이 절대적인 확판 정책이라 여기지 않고 여러 방책이 모두 효과적이라는 생각하에 상황에 따라 다양한 방법을 사용하는 것이 좋다는 것이다.

이를 일컬어 '칵테일 요법'이라 한다. 칵테일 요법이란 원래 에이즈AIDS 치료법에서 사용했던 것으로 세 가지 약을 동시에 쓰는 방법을 일컫는 표현이다. 여러 약을 동시에 쓰면 병을 더 억제할 수 있다는 것인데, 이는 마케팅에 있어서도 마찬가지라서 한 가지 제품에 적용되는 확판 정책에는 한 가지 이상의 방법이 필요하다. 가령 제품이 새로 개발되어 시장에 도입될 때는 인지도 향상에 도움이 되는 TV, 잡지 등을 통한 매체 광고가 효과적이고 성숙기를 넘어섰거나 경쟁사가 유사 제품을 도입했을 때는 가격 세일을 실시, 재고를 관리하면서 경쟁사의 공격을 꺾고 시장점유율 향상에 이용하는 등의 전략을 취하는 식이다.

다시 말하지만 광고·판촉은 양날의 칼과 같아서 어제 통했던 전략이 오늘 또다시 먹힌다는 보장이 없고, 자칫하면 스스로를 다치게 할 수도 있다. 또한 경쟁사가 성공한 방법이라 해도 자신이 똑같은 성과를 얻기

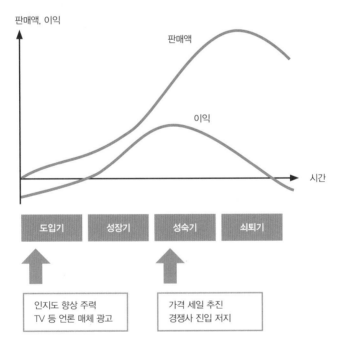

▲ 제품의 라이프 사이클에 맞추어 여러 전략을 다양하게 구사하는 '칵테일 요법'이 필요하다.

는 어려우므로 기업들은 적절한 전략으로 바겐 헌터들과 경쟁자를 공략할 필요가 있다.

유통과의 프로모션이 소비자에게 영향을 끼친다

훌륭한 제품을 개발하여 효과적인 마케팅 전략을 구사한다고 해도 유통업체channel partners의 도움이 없이는 소비자에게 전달하기 어렵다. 유통업체는 매장을 보유하고 있고, 매장은 제품을 소비자에게 전달하여 주는 길목이기 때문이다.

이렇게 중요한 유통업체 신뢰 관계를 유지하려면 그들에게 제조(공급)업체로부터 적절하게 지원받고 있다는 믿음을 주는 것이 중요하다. 이러한 믿음을 갖지 못하는 유통업체는 제조(공급)업체의 재고를 구매하는 데 주저하게 되고, 결국 제품은 소비자에게 전달되지 못하는 상황이 발생한다. 따라서 제조(공급)업체는 유통업체에게 적절한 마진을 보장해주고, 유통업체가 가지고 있는 재고 수준을 모니터링하여 적정 수준을 유

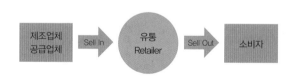

▲ 유통은 제조(공급)업체의 제품이 소비자에게 원활히 전달되는 데 중요한 역할을 한다.

지하는 것이 성공적인 판매의 첫걸음이라 할 수 있다.

1) 셀인의 장점 및 유의점

셀인sell-in은 제조(공급)업자가 소비자 판매sell-out를 위해 유통 파트너에게 재고를 공급하는 것을 뜻한다. 제조(공급)업자 입장에서는 내부 판매목표 수량을 단기간에 달성할 수 있는 가장 빠른 해결책이 바로 셀인이다. 셀인을 기준으로 유통업체에게 판매 인센티브를 지급하기로 하면 유통업체로부터 추가 주문을 받을 수 있기 때문이다. 또한 셀인은 유통 파트너에게 추가로 판매하는 수량에 대해 적용되는 것이라 그 지급 규모를 즉시 파악하기 쉽고 계산이 명확하다는 장점이 있어 예로부터 많이 활용되어왔다.

그러나 셀인을 기준으로 인센티브를 지급하는 방법이 판매목표 달성에는 즉각적인 효과가 있는 반면, 셀인한 물량이 소비자 판매로 이어지지 않아 유통재고로 고스란히 남을 경우엔 더 큰 비용을 지불하는 부작용이 있을 수 있으므로 주의해야 한다.

① 경쟁사가 유사 제품의 시장 가격을 낮추면 우리 쪽의 가격도 그에 맞춰야 한다. 이때 이미 유통업체에게 셀인하여 유통에서 보유하게 된 제품(유통재고)에 대해서도 인하된 판가만큼의 가격보상price protection을 해줘야 하기 때문에 더 큰 비용이 발생하게 된다.

② 복수의 유통업체를 상대로 영업을 할 때 셀인 인센티브를 지급하면 마진을 낮추기가 용이한 일부 거래선이 이를 활용하여 소비자 가격을 낮추거나 제조(공급)업체와 합의되지 않은 할인판매를 진행

하여 시장 질서를 교란시킬 우려가 있다. 대부분의 국가에서 제조(공급)업자의 소비자가격 통제를 '불공정 행위'로 규정하고 있는 만큼 이에 대한 주의가 요망된다.

2) 백마진은 필요악일까?

백마진(backend margin, 매출차감)은 공급업자가 리테일러에게 판매 실적에 따라 사후 지급하는 보상이다. 오랜 관행인 백마진은 그 형태와 종류가 다양한데, 크게 ① 제조업체가 유통의 진입장벽을 낮추기 위해 계약에 의해 지불하는 리베이트 및 광고지원비co-op, ② 유통재고 감축을 위해 시행한 판촉비sellout promo cost, ③ 판매과정에서 발생한 손실을 보상하는 가격 보존 명목의 현금 지불 등으로 요약할 수 있다.

프론트 마진front margin과 백마진의 핵심적인 차이는 뭘까? 전자는 '제조(공급)업체가 유통업체에 판매한 가격'과 '유통업체가 소비자에게 판매한 가격'의 차이기 때문에 소비자가 지불하는 것이지만 후자는 제조(공급)업체의 비용으로 돌아오는 것, 즉 궁극적으로는 순매출을 감소시키는 요소라는 점이다.

유통업체에게 백마진은 제조(공급)업체를 통해 손실을 보상받거나 비용을 청구할 수 있는 제2의 수익원으로 인식되기 마련이다. 그래서 의외

▲ 판매 후 유통에게 지급하는 매출차감이 증가하면 제조업체(공급업체)의 매출이 감소하게 되는데, 이것이 심할 경우에는 기업 부실화의 원인이 되기도 한다.

로 백마진은 유통업체가 판매에 있어 보다 수동적인 태도를 취하는 근거가 되기도 한다. 제조(공급)업체의 셀인 재고를 인수받은 후 판매를 위한 별다른 조치를 취하지 않고 있다가 가격이 떨어질 때 값을 내려 팔아도 벤더가 가격보상을 해줄 것이라 믿기 때문이다.

3) 유통재고 관리는 백마진 감축의 지름길

백마진의 지급 조건은 보통 제조업체와 유통업체 간 계약서에 명시되는데, 제조업체에게 백마진은 '매출차감'이란 항목으로 회계 장부에 기록되어 제조(공급)업체의 총 매출액gross sales을 감소시키는 매우 중요한 항목이다.

영업계에는 "앞으로 남기고 뒤로 밑지지 말라."라는 오래된 경구가 있는데, 이것이 바로 이 백마진(매출 차감) 관리의 중요성을 깨우쳐준다. 그러나 역으로 생각해보면 백마진은 유통업체가 제조(공급)업체로부터 받는 지원의 성격이 강하기 때문에 리베이트 및 광고지원비를 필요 이상으로 축소하거나, 셀아웃 프로모션이나 가격보존 활동을 적기에 하지 않으면 유통업체 입장에서는 제조(공급)업체와의 신뢰가 흔들릴 가능성이 있다. 따라서 유통업체에 지원하는 금액을 줄이겠다는 생각보다는 유통재고 조정을 통한 비용절감의 관점에서 접근해야 한다.

유통재고 관리에서 중요한 점으로는 다음의 세 가지가 있다.

① 유통재고는 창고에서 각 매장으로 공급되는 시간을 고려하여 그 양을 관리한다.

② 통상 '3주 정도에 판매가 가능한 수량'을 유통재고의 적정 수준으로

보는데, 판매가 부진한 비수기나 판촉기간을 앞두었을 때는 예상 판매수량을 고려하여 재고 수준을 조정해야 한다.

③ 경쟁사가 미리 판촉 활동을 진행했거나 어떤 이유에서든 본격적인 확판 이전에 가수요가 발생했다면 시장의 잠재 수요에 영향이 있는 것이므로, 확판 목표 수량을 정하고 이에 맞춰 사전에 유통재고 수준을 낮춰야 한다.

4) 과다 재고는 경영 활동의 적

2008년 삼성 스페인 법인에서 TV를 판매하던 당시, 스페인 방송은 아날로그에서 디지털 방송으로 전환하여 TV 판매 시장이 전년 대비 두 배 가까이 성장했다. 대부분의 사람들이 여름휴가로 자리를 비우는 8월이었음에도 스페인 제2거래선의 구매담당자가 '물량이 부족하다'며 직접 공급우선권을 요청할 정도로 엄청난 성장세였다. 정상적인 기일 내에 공급하기에는 다소 어려움이 있었지만, 판매가 상대적으로 부진한 타 국가에 물량을 요청하여 거래처의 요청을 어느 정도 충족시켜줄 수 있었다.

그렇게 최고의 판매를 기록했던 4분기 이후, 거래선과 예년처럼 크리스마스 세일을 함께 기획하게 되었다. 스페인의 1월 프로모션은 미국의 블랙프라이데이에 버금가는 큰 세일 행사다. 우리는 가격대별로 철저히 집중 판매 모델을 선정하고 거래선으로의 납품도 완료했다. 당시 삼성은 4분기의 추가 수요가 1월 프로모션에는 큰 영향을 미치지 않을 것이라 예측했다. 매년 1월 프로모션 중 첫 1주간의 판매 비중은 연간 판매의 10%에 육박할 정도로 해당 프로모션은 강력한 초대형 행사였기 때문이다.

그런데 선정한 모델의 대부분은 부진한 판매를 기록하는 등 예상 외로 매출이 좋지 않았다. 4분기의 가수요가 1월 프로모션 수요까지 잠식했을 뿐 아니라, 때마침 이어진 경기침체 때문에 집중 판매 모델로 선정한 제품의 유통재고조차 전혀 움직이지 않았던 것이다. 결과적으로 '잘못된 판매 예측→과다 셀인→판매 부진→과다 유통재고 발생→판가 인하로 재고 가격보상 등 비용증가 + 재고 과다로 인한 신모델 도입지연 → 손익 악화'로 이어지는 악순환이 발생했다.

1월과 1사분기의 혹독한 매출 부진을 통해 얻은 교훈은 유통을(유통업체를) 설득해서 셀인 중심의 판촉비를 셀아웃 중심으로 바꾸는 작업을 해놓아야 한다는 점이었다. 이렇게 하지 않으면 언제나 일어날 수 있는 판매 부진이 본사 법인의 운영을 망가뜨릴 수 있기 때문이었다. 셀아웃의 결과로 인센티브를 지급하면 유통업체들은 적극적으로 셀아웃을 위

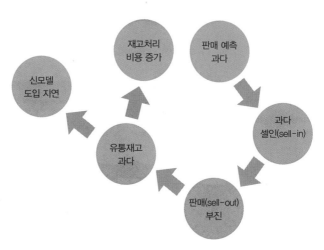

▲ 판매 예측이 실제 판매(sell-out)로 이어지지 않으면 회사는 판매 감소와 비용 증가라는 이중고에 빠지게 된다.

한 활동을 하게 되고, 이는 '재고 감소→불필요한 가격보상 비용 감소→신상품의 성공적인 론칭'이라는 선순환 구조를 형성한다.

이후 삼성 스페인 법인은 유통업체와 프로모션을 진행할 시 철저한 사전 분석과 상호 합의를 거쳐 셀인 전의 유통재고 수량을 최소화함으로써 가격보상을 줄이고, 할인가에 판매되는 모델의 판매 수량에도 제한을 두었다. 예측된 것 이외의 비용이 발생하지 않도록 원천 봉쇄하자는 교훈을 얻은 것이다.

다른 기업과 파트너십을 맺어 팔아라

자사의 부족한 부분을 파악하고 이를 보완해줄 수 있는 우호적인 파트너를 찾아 역량을 모으는 것, 이는 가장 고전적인 판매 전술이라 할 수 있다. 특히 전 세계적인 팬덤을 확보하고 있는 할리우드 영화나 유명 만화의 캐릭터를 활용한 공동 프로모션은 소비자들로 하여금 생소한 제품에 대한 거부감을 줄이고 좀 더 친근하게 받아들이게 하는 효과가 있다.

1) 레고가 마블을 만났을 때

SXSW South By South West는 텍사스 오스틴에서 30년 넘게 1년에 한 번씩 열리는 세계 최대 규모의 콘텐츠 페스티벌이다. 초기의 SXSW가 음악, 영화 중심의 행사였다면 지금은 스타트업의 성인식에 가깝게 변모하고 있다.

페스티벌 기간 중에는 페이스북의 CEO 마크 주커버그 등 첨단 IT 기업 총수의 키노트 연설 등으로 인터랙티브 컨퍼런스Interactive Conference가 시작되는데, 핵심주제를 매년 영국의 일간지 〈가디언The Guardian〉이 요약하여 발표할 정도로 이 컨퍼런스에서는 세계 콘텐츠를 선도하는 주제들이 소개된다.

2016년 주목할 만한 핵심주제 중 하나였던 '레고Lego와 카툰네트워크Cartoon Network의 파트너십'은 이종산업 간 협력의 무한한 가능성을 보여준다. 자칫 시대에 뒤처진 장난감에 머무를 뻔했던 레고는 2013년 카툰네트워크와의 파트너십을 통해 조그만 레고 피규어에 생생한 캐릭터와 가능성을 덧입힐 수 있었고, 이를 통해 레고의 사업 영역을 기존의 완구업계에서 쇼비즈 엔터테인먼트 업계로 확장시켰다.

또한 레고는 2013년에 믹셀Mixel이라는 프랜차이즈와 협업하면서 게임·영화 등 멀티미디어 사업까지 영역을 확대할 수 있었다. 이는 2014년 3주 연속 박스오피스 1위를 기록한 〈레고 무비The Lego Movie〉의 성공 및 최근의 〈스타워즈Star Wars〉 마케팅과 같은 빅히트 아이템으로까지 발전했다. 만들어진 지 80년이 넘은 플라스틱 블록에 캐릭터라는 생명력을 불어넣어 영화, 게임 등 새로운 미디어를 통해 생생함을 구현하고 능동적으로 유행을 만들어낸 것이다.

2) 타 업계의 생리를 알고 뛰어들어라

그러나 이종업계의 관행이나 생리를 모르는 상태에서 협업을 시도하다가는 자칫 큰 비용을 지불할 수도 있으므로 충분한 사전 검토가 필요하다.

삼성은 2012년에 스페인에서 최초로 '삼성무비Samsung Movie'라는 영화 스트리밍 서비스 앱을 론칭했다. 삼성무비의 기능 중 다운받은 영화를 TV-휴대폰-태블릿PC에서 한 번에 볼 수 있게 한 '컨버전스 서비스'는 당시 매우 획기적이라는 평을 받았다. 삼성은 여러 영화사와 연계하여 최신 영화 콘텐츠를 확보했고, 영화의 가격도 편당 9.9유로로 DVD보다 낮게 책정한 뒤 컨버전스 서비스를 홍보하는 입소문 마케팅을 시작했다.

그러나 방송국을 끼고 일어나는 각종 이권의 막후에는 정치권의 큰손이 개입되어 있었고, 서비스 주관 업체 대표가 뇌물수수 혐의로 구속되면서 이 서비스도 중단되고 말았다. 대규모 금액을 투자하기 전에 스캔들이 터진 덕분에 그나마 피해를 줄일 수 있었다는 데 안도해야만 했다. 당시 삼성의 마케팅 시도가 크게 주목받지 못한 것은 한정된 예산으로 인한 광고와 홍보 부족 때문이었다. 또 이런 공동 마케팅은 투자자본회수율(ROI, return on investment) 측면에서 성과를 거두지 못하는 경우도 많다. 영화사는 콘텐츠 판권 이용 시 정액의 사용료를 요구하기 마련인데, 그에 걸맞은 판매를 일으키지 못하면 소비자 커뮤니케이션이 부족하였거나 예상 수익에 대한 철저한 사전분석이 미흡했던 것이다. 마케터가 다양한 채널을 통해 발품으로 적정선에 콘텐츠를 유치하는 것이 필요한 이유이기도 하다.

힙스터와 힙스터 마케팅

기업의 마케팅이나 최신 트렌드에 수동적으로 끌려가지 않는 사람, 유명 브랜드가 아닌 자신만이 추구하는 특화特化된 가치를 가진 상품을 선택하는 사람, 공정 거래 커피를 마시고 수제 맥주를 즐기는 사람. 모두 힙스터Hipster를 설명하는 말이다. 힙스터는 '새로운 무엇something을 남보다 잘 알고 있는aware'이라는 의미의 '힙hip'과 '~하는 사람'이라는 '-스터-ster'가 합쳐서 만들어진 단어이다.

제2차 세계대전 이후 가속화된 산업화와 경제발전은 필연적으로 과도한 경쟁을 초래하게 되었다. 물질만능주의와 같은 주류 사회의 속물근성Snobism과 이로 인한 인간성 상실은 청년들로 하여금 기성사회를 비판적인 시각으로 바라보게 하였다. 젊은 세대들은 소외감과 불안을 느끼며 주류 문화로부터 스스로를 격리시켰다. 이렇게 도피적 성격의 문화를 표방하고 흑인들의 패션과 라이프 스타일을 모방했던 젊은이들을 힙스터라 불렀다. 주류 사회의 흐름을 따르지 않고 자신만의 삶을 추구하는 모습은 멀리 19세기 후반, 관습에 구애되지 않고 돈이나 명예보다는 자유와 사랑을 중요시하는 자유분방한 삶을 산 예술가·지식인 집단 '보헤미안Bohemian'이나 가까이는 가족과 친구들과 함께 먹고 마시고 즐기며 느리고 여유로운 자연 속에서 소박한 삶(킨포크 라이프, kinfolk life)을 지향하는 '킨포크 족族'과도 그 맥이 닿아 있다.

현대의 힙스터는 주류 문화에 순응하지 않는다는 점에서는 1940년대 힙스터와 일맥상통하지만, 공동체 형성보다는 외모와 최신 유행에 민감하고 엘리트주의적인 생활 방식을 추구한다는 특징이 있다.[35] 여기서 엘리트주의적 생활 방식이란 소위 '힙hip'한 것이 최상의 가치로 추구하는 것을 뜻한다. 이렇다 보니 현대의 힙스터들은 최신 유행만 좇게 되는 힙스터의 역설에 빠지게 되는 것이다. 노출 콘크리트로

지은 건물을 선호하고, 독립출판·독립영화 등 주류적인 것을 거부하는 모습을 보이고 있으나, 그러한 취향이 또 다른 유행이 되고 있는 것이 단적인 예라 하겠다.

결론적으로 유행에 따르지 않는 독특한 취향 탓에 아웃사이더outsider로 치부되던 힙스터들이 소비시장을 리드하는 새로운 트렌드 세터trend setter로 부상하였다. 기업의 입장에서는 다양하게 진화하고 있는 소비자를 고려하지 않은 획일적인 마케팅은 더 이상 시장에서 받아들여지지 않게 되었다.[36] 각각의 소비자 집단들이 원하는 것을 잘 파악하여 맞춤형 서비스를 제공하는 것이 마케팅의 요체로 떠오른 것이다.

애국심 마케팅

🏷️ 2016년 도널드 트럼가 대통령에 당선된 후 미국에서는 소비자의 애국심을 자극하는 마케팅이 국가 어젠다Agenda가 되어 버린 분위기다. 미국 정부가 수입품은 과세하고 수출품은 면세하는 내용의 '국경세'를 신설하겠다는 움직임을 보이고 미국으로 생산기지를 옮기는 리쇼어링reshoring , 기업에게 다양한 혜택을 제공하자 포드, GEGeneral Electric , 애플, 삼성 등 기업이 이를 적극 검토하고 있다.

2001년 9·11 테러 직후 미국 전역에 애국주의 열풍이 불 때, 소프트드링크인 닥터페퍼Dr. Pepper는 캔에 자유의 여신상과 '충성의 맹세' 문구를 새겨 넣는 애국 마케팅을 추진했다. 한국에서도 멀리는 일제강점기의 물산장려운동이 있었고, 외환 위기 전후에 '콜라 독립'을 외쳤던 815 콜라와 현대증권이 출시한 금융상품 '바이코리아 펀드'의 경우는 상품 이름부터 CF까지 애국 마케팅에 집중한 가장 대표적인 사례다. 무조건 국민들의 애국심에만 호소한다는 비난도 있지만 실제로 큰 노력 없이 물건이 잘 팔리기 때문에 효율성을 추구하는 기업 입장에서는 애국심 마케팅을 안 할 수가 없다. 기업이 애국심 마케팅으로 브랜딩 열세나 기술 차이를 메우려 드는

▲ 1920년 일본으로부터 경제적으로 자립하기 위해 전개한 물산장려운동. 자급자족, 국산품 애용, 소비 절약 등을 내세웠다.

것은 안이한 태도지만 애국심 마케팅은 엄연히 전통적인 마케팅 기법의 하나인 것이다.

애국심 마케팅과 떼어놓을 수 없는 것이 제품의 원산지표시제다. 냉전시대 당시 적국의 제품을 쓰지 말자는 목적에서 시작되었다니 원산지표시제는 애국심 마케팅의 원조라 할 수 있다. 외국 브랜드의 제품을 사더라도 가능한 한 자국에서 생산한 제품을 선택하거나, 외국에서 생산된 제품을 고르더라도 가능한 한 국내 브랜드의 제품을 선택하는 '애국적인' 소비자가 늘어나면서 원산지표시제는 더욱 복잡하게 진화하고 있다. 삼성의 제품이지만 원산지가 한국이 아닌 경우에는 'Made in Korea'라고 쓸 수 없으니 'Manufactued by Samsung'이나 'Designed by Samsung' 등 우회적으로 국산품임을 표기하는 것이 좋은 예라 하겠다. 기업의 입장에서는 완제품의 생산지뿐 아니라 소재, 부품, 디자인의 원산지까지 고려하는 수직 계열화vertical integration 전략을 재정립해야 할 필요가 커진 것이다.[37]

10

저성장기의 생존 마케팅 전략은
무엇인가
_리테일 마케팅의 전망

전 세계는 불경기의 늪에서 빠져 나오지 못하는 와중에 4차 산업혁명이라는 새로운 흐름으로 몸살을 앓고 있다. 과연 어떻게 해야 살아남을 수 있을 것인가. 내수시장의 침체를 밖으로 눈을 돌려서 해결하기에는 상황이 녹록지 않으므로, 새로운 소비자를 발굴하고 새로운 마케팅 기법을 개발하여 답을 찾아야 한다. 저가 브랜드는 가격 경쟁력 확보를 위한 다양한 시도를, 고가 브랜드는 매장에서 다양한 체험을 제공하기 위한 고객서비스를 강화하는 것이 무엇보다 중요하다.

일부 온라인 쇼핑업체들이 지난 2~3년간 급성장한 이면에는 대규모 적자 경영이 있었다. 11번가, 쿠팡, 티켓몬스터, 위메프 등 4개 온라인 쇼핑업체들은 2016년 한 해 동안 9,000억~1조 원 정도의 적자를 보았다. 한 업체당 1,000억~5,000억 원대의, 더 이상 감당하기 어려울 정도의 엄청난 손실을 낸 것이다.[38] 매출을 늘리기 위해 공격적으로 할인쿠폰을 뿌리고 당일배송 같은 고객편의 서비스를 강화하는 데 수천억 원의 비용이 들어간 것이 주 원인이었다.

이러한 상황에서도 온라인 쇼핑업체들은 공격적으로 외형을 계속 확대하고 있다. 시장이 빠르게 팽창하는 상황에서는 외형 성장 전략으로 시장을 선점해야 나중에 업계에서 주요 업체로 자리 잡을 수 있기 때문이다. 아마존이 1994년 설립된 이후 10년 사이에 13배 성장한 것도 바로 이러한 전략 덕택이었기 때문에, 업체들은 현재의 적자가 '계획된 적자'라는 입장이다.

대형 매장을 유지, 운영해왔던 백화점이나 양판점 또한 온라인 경쟁력 강화에 사활을 걸고 있다. 이들 기존 유통업체들은 온라인 시장에 전사적인 역량을 집중하면서 자체 온라인뿐 아니라 오픈마켓에도 입점해 오픈마켓 시장의 성장을 공유하는 전략을 쓰고 있다.

유통업체들의 이러한 전략 변화는 이미 예상된 바 있다. 과거 그들의 주요 성장 전략이 매장(수) 확대와 저가 전략이었기 때문이다. 하지만 저렴한 가격으로 소비자를 유혹하는 저가 전략은 원칙 없는 무리한 할인 경쟁을 확산시켜 바겐 헌터를 양산하고, 결국 유통은 죽기살기 식의 '치킨게임'에 내몰리게 된다.

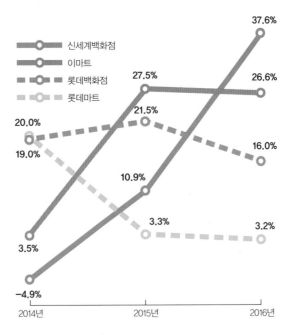

▲ 주요 백화점 대형마트의 온라인 매출 추이(자료: 각사 취합).

이러한 상황에서 사업구조와 취급제품이 거의 유사한 롯데백화점·롯데마트와 신세계·이마트의 실적 차이는 시사하는 바가 크다. 신세계·이마트는 온라인 쇼핑몰을 통해 급변하는 시장에 알맞게 대응함과 동시에 PB상품을 적절히 활용한 상품 믹스 개선, 스타필드점 등을 활용한 체험 마케팅을 통해 매출을 끌어올렸다.

따라서 저가 브랜드는 가격경쟁력 확보를 위한 다양한 시도를, 고가 브랜드는 매장에서 다양한 체험을 제공하기 위한 고객서비스를 강화하는 것이 무엇보다 중요하다. 이를 위한 방법으로는 다음과 같은 것들이 있다.

첫째는 다양한 방법으로 비용을 절감하고 그 성과를 고객에게 돌려줌으로써 '가성비'에 민감한 소비자들을 끌어 모으는 것이다. 제품의 불필요한 부분을 덜어내고 고유의 차별적 기능을 강조하여 단가를 낮추거나, 매장 내 구색 상품의 종류를 줄이고 팔릴 만한 제품 위주로 준비하여 재고 부담을 줄이는 '큐레이션' 서비스를 강화하는 등의 다양한 시도가 진행되고 있다.

둘째는 대고객 접점 강화를 위한 다양한 마케팅 기법을 활용하는 것이다. 새로운 판매 방식을 도입하여 소비자 참여를 적극 유도하고 그 결과 기업 이미지 제고를 추구하는 등, 소비자와 직접 교감하고 그들에게 최고의 체험 서비스를 선사하는 현장 중시 마케팅 기법을 펼쳐야 한다. 파워블로거를 통해 매장에서의 체험을 적극적으로 홍보하는 블로그 마케팅, SNS를 통해 신제품과 마케팅 행사를 적극적으로 알리는 '소셜&모바일 마케팅', 온라인에서 수집된 정보를 오프라인 내점에 반영시키는 '온-오프라인 정보 연계 마케팅' 등이 대표적인 예다. 아울러 자국 시장에서 성장의 한계를 느낀 리테일러들은 해외진출이나 다른 업종과 연계하여 마케팅을 강화하는 등 다양한 시도를 통해 새로운 활로를 모색하고 있다.

리테일에서 이기는 새로운 전략

우리나라에서 대형 양판 매장을 둘러볼 때마다 각 매대별로 배치되어 있는 판촉사원의 숫자가 많은 것에 새삼 놀라곤 한다. 이런 현상은 미국이나 유럽에서는 보기 힘든데, 양판 매장의 기본 개념이 '셀프 서비스를 통한 가격경쟁력 확보'임을 고려하면 한국의 경우가 이례적임을 알 수 있다. 이러한 현상이 가능한 이유로는 미국이나 유럽보다 인건비와 인력구조가 낮은 것도 있겠지만, '덤'과 '흥정'을 좋아하고 아직까지는 인간관계를 중시하는 한국인의 정서도 한몫을 할 것이다.

한국에서도 금융·패스트푸드 업계를 중심으로 무인주문 시스템인 키오스크kiosk를 설치하는 매장이 늘어나고 있기는 하나, 이것이 일반 식당이나 대형 양판 업체에까지 가까운 미래에 본격적으로 도입될 수 있을지는 의문이다. 무인화 매장의 설치 목적은 '고객의 편의성'이 아닌 인건비 절감을 통한 '기업의 이윤확대'에 가깝기 때문이다. 고객은 자신에게 돌아오는 확실한 '혜택benefit'이 없는 한 기계를 상대하는 방식을 선호하지

▲ 한국 맥도널드 매장 내에 설치된 키오스크. 한국 맥도널드는 2017년 상반기까지 미래형 매장을 430여개 매장 중 250개까지 확대할 계획이다.

않는다. 홈쇼핑에서 상담원을 통하지 않는 자동주문 고객에게 추가할인 혜택을 제공하는 것도 이 때문이다.

날로 치열해지는 경쟁 속에서 맞춤화되지 않은 기술로 고객의 마음을 사로잡기란 쉽지 않다. 그렇다면 리테일에서 비용은 절감하면서도 매출은 높일 수 있는 비결로는 어떤 것들이 있을까?

1) 가성비를 강조해라

미국의 보스턴컨설팅그룹Boston Consulting Group은 중저가 제품의 매출이 줄어들고 고가 혹은 저가 제품으로 소비가 몰리는 현상을 '트레이딩 업/다운trading up/down'이라 정의한 바 있다. 즉, 가격이나 품질이 어중간한 제품보다는 가성비가 높은 제품, 또는 좋은 품질의 프리미엄 제품이 소비자의 만족을 얻게 된 것이다.

2016년 온라인 및 홈쇼핑업체의 히트상품들이 가시는 공통점은 고유의 차별적 기능과 가성비를 강조했다는 것이다. GS홈쇼핑과 CJ오쇼핑에 따르면 가장 많이 팔린 제품 1위는 화장품 브랜드 A.H.C의 '아이크림 포 페이스 세트'다. '방부제 미인'으로 알려진 어느 여배우가 방송에 나와 자신의 피부 관리 비결이 "피부노화 방지용으로 눈가에만 살짝 바르던 아이크림을 콜드크림처럼 얼굴 전체에 듬뿍 바르는 것"이라고 말했던 것이 소비자들 사이에서 입소문을 타면서 아이크림 열풍을 불러일으켰는데, 이때 A.H.C는 본품 열 개에 무료 샘플 여덟 개 등 총 420ml의 아이크림을 8만 9,000원에 판매했다. 다른 브랜드가 15ml 아이크림 제품을 백화점에서 10만 원 수준에 판매하고 있는 것을 감안하면 그보다 30배 이상 저렴한 것이었다. 감성적 측면에서 다른 제품과 차별화된 만족감과 함께 경쟁 제품이 따라올 수 없는 가성비를 제시한 것이 A.H.C의 성공 비결이었다.

2) '노 브랜드'의 힘: 자체 상표를 만들어라

중저가 브랜드와 식음료를 주로 취급하는 대형 양판 매장의 경우 수익성 확보와 가격 경쟁력 확보라는 두 마리 토끼를 잡기 위해 다양한 방법을 시도한다. 노브랜드 제품이라 불리는 리테일 스토어의 'PB제품'이 그것이다.

PB제품은 무인매장을 도입하는 경우보다 기술적 제약이 적고, 소비자 판매가격을 놓고 제조업체와 협의할 필요가 없기 때문에 특히 유통에서 선호하는 방법이다. 전 세계적인 불경기로 인해 많은 제품들의 소비자 충성도가 떨어짐과 함께 PB제품에 대한 소비자의 거부감이 옅어지고 있는 것 또한 PB제품이 인기를 끌고 있는 이유다.

통계청 자료에 의하면 우리나라의 리테일 매출은 2012년 350조 원에서 2016년 384조 원으로 5년 평균 1.9% 성장했으나 이마트, 롯데마트, 홈플러스 등 대형마트 3사의 오프라인 매장 매출점유율은 2014년 27.8%, 2015년 26.3%, 2016년 23.8%로 5년 연속 하락했다.[39] 이러한 환경에서도 이마트의 오프라인 매출은 전년 대비 0.3%, 온라인 매출은 26.5%가 성장했다. 이마트가 경쟁사들을 제치고 이러한 성과를 이룩한 배경에는 '유통 전全 채널 최저가'를 선언하고 가격경쟁을 주도하면서 적극적으로 PB제품을 개발하는 등 오프라인 매장에서 차별화된 쇼핑 환경 제공한 것이 주효했기 때문이다.

기존의 PB제품은 브랜드 제품을 대체할 수 있는 저렴한 상품을 내놓는 데 주력했으므로 질도 떨어지고 가격 차이도 크지 않았다. 때문에 그

▲ 이마트 PB제품 광고(출처: 이마트 홈페이지).

간 소비자들은 PB제품을 '싸구려'로 인식해왔고, 기업 역시 PB제품을 위기돌파의 수단으로 인식하지 않았다. 이마트가 이러한 문제점을 극복할 수 있었던 것은 특정 상품을 대체할 수 있는 저렴한 상품을 내놓는 데만 몰두하지 않고, 고객에게 꼭 필요한 것이 무엇인지를 먼저 생각하여 제품의 기능을 단순화시키는 등 PB제품을 새롭게 개발했기 때문이다. 물 끓이는 기능 외의 무선·타이머 기능은 모두 없앤 커피포트가 대표적인 예다. 또한 이마트는 네이밍과 브랜딩 대신 품질 향상에 주력했다. 따라서 소비자는 싸구려 제품을 산다는 생각보다는 가성비 좋은 제품, 즉 현명한 소비를 한다는 생각을 하게 된 것이다. 이러한 전략이 맞아떨어져 이마트의 PB제품은 소비자들의 입소문을 타고 단순 생활용품에서 가전제품까지 제품군을 확장하는 것을 목표로 계속 개발되고 있다.

　PB제품은 아직 성장 가능성이 매우 높다. 아직 한국 내 마트 등의 PB제품이 전체 상품 판매 중 15% 정도밖에 차지하지 않기 때문이다. 실용적인 소비가 자리 잡은 유럽에서 PB제품의 판매 비중이 30%라는 점을 고려하면 PB제품은 당분간 유통업계의 수익성 확보에 좋은 도구가 될 것으로 예상된다.

3) 팔릴 만한 제품만 진열해라

슈퍼마켓 입구에 두 개의 잼 시식 코너가 설치되어 있다. 한곳에는 스물네 개 종류의 잼, 다른 한쪽에는 여섯 가지 잼을 진열하여 고객들이 각각 맛을 볼 수 있게 했다. 그 결과 전체 방문객의 60%가 전자의 코너에 몰렸으나 실제 구매율은 3%에 불과했던 반면, 여섯 가지 잼을 마련한 후자

의 코너에서는 방문객 중 30%가 실제로 잼을 구매했다.[40]

넓은 공간에 수만 가지 제품을 진열하여 소비자의 발길을 붙잡으려면 매장 운영비와 재고비용 그리고 인건비를 부담해야 한다. 매장 넓이와 직원 수를 최소화하여 절약한 비용을 낮은 가격이나 더 나은 고객서비스로 소비자에게 돌려주려면 소비자가 원하는 것을 파악하고 소비자의 선택에 도움이 될 수 있는 큐레이션 기능을 강화해야 한다. 《큐레이션: 과감히 덜어내는 힘Curation: the power of selection in a world of excess》의 저자 마이클 바스카Michael Bhaskar 옥스퍼드대 브룩스국제센터 연구원은 "선택권 과잉의 부담을 덜어주는 큐레이션의 힘은 유통업은 물론 모든 분야의 비즈니스에 대한 접근법을 바꿀 만큼 강력하다."라고 주장했다.[41]

비슷비슷한 제품들 사이에서 한 가지 제품을 골라내는 것은 소비자 입장에서도 '재미있다'기보다는 '귀찮고 성가신' 과정일 뿐이다. 최근 각광받고 있는 유통업계의 MD상품(상품기획자가 추천하는 상품)의 약진 현상은 이러한 추세를 반증한다.

온라인 몰에서도 주력 상품을 한 가지만 정해 파격적인 가격에 판매하는 큐레이션 서비스인 '핫딜'이 주목받고 있다. 이것은 소비자들이 주로 이용하는 온라인 환경이 기존의 PC에서 모바일 화면으로 바뀜에 따라 화면에 단 하나의 상품만 띄움으로써 주목도를 높인 전략이다.[42] 핫딜 상품을 카카오톡이나 밴드와 연계하는 것 또한 노출도를 극대화하기 위한 시도라 할 수 있다.

4) 매장 내에서의 독특한 쇼핑 경험을 제공하라

앞서 언급했듯이 대형 양판점은 '셀프서비스 방식의 슈퍼마켓'을 운영 모델로 삼았기 때문에 구매 과정에서 매장 판매원의 관여를 최소화했다. 덕분에 비용절감 면에서는 성공적이었지만 매장의 가장 큰 차별화 요인인 고객서비스를 고려하지 않은 탓에 시간이 갈수록 많은 문제점이 드러났다. 가장 결정적 사건은 오프라인 매장이 없는 e커머스의 등장이다. 재래식 매장을 운영하여 비용 측면에서 경쟁력을 확보할 수 없었던 소매업자들에게는 가상공간이 아닌 실제 매장에서 고객들에게 어떠한 쇼핑 경험을 제공할 수 있는가가 새로운 화두로 대두된 것이다.

〈월스트리트 저널Wall Street Journal〉에 따르면 화장품 매장에서 고객이 자리에 앉아 시제품을 사용할 경우, 서 있는 상태에서 쇼핑을 했을 때보다 40% 더 많은 돈을 지출한다고 한다. 고객을 따뜻하게 맞아주고 고객과 즐겁게 대화하면서 편안한 분위기를 만들어주는 것이 성공하는 리테일 매장의 필수 요인이 된 것이다. 더불어 고객들의 성향을 반영한 쇼윈도 및 디스플레이를 연구하고, 제품교육 강좌를 마련하여 소비자의 관심도를 높이는 등 고객을 매장에 머물게 할 수 있는 다양한 활동이 필요하다. 매장을 단순한 판매 공간이 아닌 생활의 일부로 인식시키는 공간 마케팅이 필요한 이유다.

홍대입구역의 디지털프라자는 2014년 오픈 이래 젊은 고객을 대상으로 다양한 이색 이벤트를 시도하는 매장으로 유명하다. 1층에는 고급 커피전문점인 폴 바셋을 입점시켜 더 많은 고객을 끌어 모았고, 매장 외부에 설치된 야외 특설무대에서는 인디밴드의 공연을 열어 홍대 지역 상권의 특성을 반영한 고객서비스를 제공했다. 특히 1층 모바일 매장 내부를 라이프스타일 존으로 꾸며 제품 구매로 이어질 수 있는 모델링을 시도하는가 하면, 고객과의 워크숍이 가능한 공간을 마련하고 모바일 기기와 액세서리의 체험에도 중점을 두고 있다. 덕분에 갤럭시 기어의 액세서리, 블루투스 이어폰 등 다양한 모바일 액세서리 판매량이 전국에서 가장 높다. 일반 전자매장과 달리 라운지 같은 세련된 느낌과 서비스를 구현하여 젊은 층을 끌어들이는 데 일조하고 있는 것이다.

5) 제휴 마케팅으로 유인해라

제휴 마케팅, 공동 마케팅은 우호적인 파트너를 통해 서로의 역량을 공유할 수 있는 좋은 전략이다. 인공지능과 빅데이터가 마케팅에 본격적으로 접목됨에 따라 다른 업종의 기업들이 서로의 고객 데이터를 공유하여 새로운 형태의 마케팅을 만들어내고 있다.

대표적인 예가 KT와 LG유플러스다. 과거에는 서로의 가입자를 빼앗기 위해 치열한 경쟁을 벌였던 두 회사는 최근 연대를 구축했다. LG유플러스는 KT의 음악서비스 자회사인 지니뮤직에 270억 원을 투자하여 2대 지주에 올랐고, 새로 출시되는 휴대폰에 지니뮤직 앱을 기본 탑재함으로써 기존의 약점이었던 음악 서비스 분야를 보완했다. 이로써 LG유플러스는 경쟁사와 차별화되는 서비스(지니뮤직 앱)를 고객에게 제공하여 경쟁력을 높이는 한편, 더 많은 데이터 판매도 기대할 수 있게 되었다. KT 역시 LG유플러스와의 연대를 통해 자사 음원 서비스의 고객노출도를 획기적으로 늘릴 수 있는 계기를 마련했다.

이동통신 사업에서 강력한 라이벌 관계인 두 업체의 협업은 국내 디지털 음원 시장의 50%를 점유하고 있는 멜론에 대항하기 위한 고육지책이라 하겠다. 멜론은 서비스 초창기에 모회사 SK텔레콤의 이동통신 가입자를 대상으로 다양한 할인 혜택을 제공하면서 사용자를 꾸준히 늘려 시장을 선점한 경험이 있고, 현재는 모회사인 카카오와 협력하여 가입자를 늘리고 있다. 멜론이 사업 초기에 사용하여 성공한 전략을 LG유플러스가 그대로 따라 하고 있는 것이다.

삼성전자의 스마트TV는 인터넷에 연결하여 원하는 콘텐츠를 원하는 시간에 볼 수 있다는 것이 가장 큰 장점인 신제품이다. 그러나 삼성은 소니픽처스Sony Pictures를 보유한 소니와 비교했을 때 자체 콘텐츠를 확보하고 있지 않다는 약점이 있다. 이를 극복하기 위해 삼성은 다양한 CP(contents provider, 콘텐츠 제공업체)와 공동 마케팅을 진행함으로써 돌파구를 찾았다. 폭스Fox 등 메이저 영화사와의 제휴를 통해 〈스타워즈〉개봉과 동시에 피규어나 포스터, P.O.P(Point of Purchase, 매장 내에서 고객을 대상으로 진행하는 광고·광고물) 등으로 TV 전시를 보완하고 〈스타워즈〉의 다운로드 팩이나 블루레이 디스크를 번들로 제공하는 등의 공동 프로모션은 많은 소비자의 발길을 끌었다. 또한 2015년 〈쥬라기 공원 2The Lost World: Jurassic Park〉가 나왔을 때는 영화 속에서 주인공들이 삼성의 태블릿 모니터 등 첨단제품을 활용하여 VR로 등을 체험하는 PPL(product placement, 영화나 드라마 등에 특정 제품을 노출시켜 인지도를 높이는 광고 기법)부터 월드 프리미어 개막식의 공동 쇼케이스 운영 등 공동 프로모션을 좀 더 강화한 마케팅을 진행했다.

국내에서도 삼성 스마트TV 도입 초창기에 SM프로덕션과 협의하여 소녀시대 등의 3D 뮤직비디오를 스마트TV 앱으로 탑재함으로써 윈윈 효과를 거뒀다. 콘텐츠가 부족한 제조업체는 양질의 콘텐츠를 무상으로 활용하여 제품의 기술을 알리고 콘텐츠 업체는 전 세계에서 매년 5,000만 대가 팔리는 삼성 스마트TV에서 가수와 곡을 홍보하여 PR 효과를 극대화할 수 있었다.

삼성전자 미국 법인은 TV에서의 사례를 헤드폰 브랜드인 레벨Level의 신제품을 출시할 때에도 적용하여 성공을 거뒀다. 영화 〈헝거게임 2The Hunger Games: Catching Fire〉의 예고편을 베스트바이 SWAS 매장 내에 전시된 태블릿PC를 통해 전 세계에서 최초로 독점 공개한 것이다. 소비자들은 영

◀
〈헝거게임 2〉 예고편을 활용한 아몰레드 태블릿PC. 레벨 헤드폰 판촉 행사.

화의 예고편을 보기 위해 매장을 방문하여 자연스럽게 삼성의 아몰레드 태블릿PC와 레벨의 헤드폰을 사용하면서 두 제품의 우수한 품질을 체험할 수 있었다. 또한 제품을 구매한 고객에게는 영화 포스터와 함께 티켓을 할인받을 수 있는 쿠폰을 제공했는데, 이 프로모션은 〈헝거게임 2〉의 인지도에 힘입어 예상보다 50%를 뛰어넘는 추가 판매와 함께 레벨의 브랜드 인지도를 향상시키는 데도 기여했다.

글로벌 시장에서의 기회를 찾아서

'글로벌 확산global expansion 전략'은 시장 한계에 봉착한 자국을 벗어나 외국에서 사업을 시작하는 것뿐만 아니라 외국의 경쟁력 있는 파트너를 개발하여 새로운 시장으로 진출, 고객의 저변을 넓히는 것을 뜻한다. 이마트, 롯데마트와 파리바게트의 중국 진출, 미국 코스트코의 한국 진출 등이 좋은 예다.

1) 글로벌 아이덴티티로 성공해라: 코스트코

새로운 유통 브랜드로서 외국에 진출할 때는 현지화localization에 대한 전략이 필요하다. '현지화'란 그 지역에 맞는 특성을 적용한다는 뜻인데 이는 다각도에서 살펴봐야 한다. 글로벌한 특징이 지역 시장에 바로 어필할 수 있는 경우도 있지만 반대로 현지화를 고려하지 않은 '글로벌' 특성 때문에 실패할 수도 있기 때문이다. 예를 들어 한국 시장에서 철수한 프랑스계 유통인 까르푸Carrefour는 현지화에 실패했다는 평가를 받았던 반면, 한국에 진출한 코스트코는 이를 역으로 이용하여 성공을 거뒀다.

코스트코는 매장 분위기와 자체 브랜드 제품 등 미국 본사의 운영 방식을 한국에도 그대로 적용했는데, 이것이 효과를 거두었다. 제품을 안내해주는 직원 없이 유통창고에서 대량의 물건을 사오는 경험은 친절한 안내와 세일즈에 익숙한 한국 소비자에게 다른 느낌의 쇼핑 체험을 주었던 것이다. 코스트코는 이러한 접근 방식으로 코스트코 양재점을 세계 단일 매장 중 가장 매출이 높은 곳으로 만들었다.

2) 과감한 현지화로 성공해라: 파리바게트

파리바게트는 2004년 9월에 상하이 구베이古北에 1호점을 오픈한 이후 외국 브랜드로서 최단기간에 최정상의 제과·제빵 브랜드로 인정받으며 해외 유명업체들과의 경쟁에서 우위를 확보했다. 특히 중국의 유명 인터넷 사이트에서 진행한 10대 인기 브랜드 조사에서 한국 브랜드로서는 유일하게 선정되는 등 철저한 시장조사와 현지화 전략으로 중국 시장에서 성공한 사례로 꼽힌다.

파리바게트는 매장에서 직접 구워 공급하는 베이크 오프bake-off 시스템을 구축하여 신선도의 차별화를 확보했고, 지역별 선호 입맛(상하이에서는 크림빵 같은 질퍽한 맛을, 베이징과 톈진에서는 담백한 맛을 선호)에 따라 상품 구성을 차별화했다. 뿐만 아니라 파리바게트 본래의 주력 제품인 유럽식 패스트리와 소합하여 패스트리, 샌드위치, 무스 케이크 등 일반 중국 베이커리의 네 배가 넘는 200여 개의 다양한 제품을 생산했다. 더불어 최고의 상권이라 불리는 국제무역센터와 왕푸징 동방광장에 베이커리 제품과 카페라는 공간을 접목한 '베이커리 카페'를 선보이며 고급화 전략에도 성공했다.

각 나라의 문화의 독보성이 잘 드러나 있는 것이 음식이다. 때문에 해외에 진출하는 패스트푸드 업체들은 해당 지역의 소비자를 사로잡을 만한 로컬 메뉴를 개발하여 그들의 재구매를 높이는 데 활용하고 있다.

맥도널드 하와이에서는 스팸과 밥, 달걀을 얹은 맥모닝 메뉴를 볼 수 있다. 우리로 따지면 족히 점심 한 끼 정도 될 만한 든든한 양의 밥과 스팸으로 구성된 것인데, 이는 '스팸 무스비'라는 하와이 대표 음식을 변형한 것이다.

KFC도 처음 중국에 발을 들여놓을 때 간판 메뉴인 오리지널 치킨과 더불어 중국식 죽을 메뉴에 추가하여 호기심에 매장을 방문하는 젊은이들뿐 아니라 중국식을 찾는 장년층까지 끌어들여 성공적으로 안착했다.

3) 진출하려는 시장의 수준을 고려해라: 삼성전자

진출하고자 하는 시장이 성장시장인가 선진시장인가에 따라 이익창출을 위한 전략도 달라야만 한다. 선진시장은 시장수요가 이미 포화 상태에 있기 때문에 판매수량을 늘려 확판하는 것보다는 고가 제품 위주의 판매구조로 평균판매가격average price index를 높이는 데 치중해야 하는 반면, 성장시장은 선진국처럼 제품의 대중화commodity가 아직 진행되지 않은 상태이므로 중저가 모델에서 물량을 키워 성장과 이익을 도모하는 것이 좋다.

▲ 삼성 인도 법인은 인도 현지에서 기획된 제품을 모아 '메이크 포 인디아(Make for India)' 행사를 진행했다.

삼성은 인도, 중국 등에 LSLLife Style Lab을 운영하면서 현지 소비자들의 니즈를 상품 기획에 반영하는 노력을 하고 있다. 인도의 LSL에서 탄생시킨 세탁기가 바로 액티브 워시Active Wash다. 인도 전통의상은 화려한 컬러와 문양의 고급 천으로 만들어지는데, 삼성은 이 옷을 손빨래하는 경우가 많다는 점에 착안하여 자체 손빨래가 가능한 빨래판과 배수구를 만든 액티브 워시로 인도에서 히트를 쳤다. 중국에서는 숫자 8과 붉은색을 유난히 선호하는 중국인들의 기호에 맞춘 8자 디자인의 스탠드를 적용한 '길상발 TV'와 붉은색을 적용한 투톤 색상의 '여의홍 TV'를 출시한 바있다.

TV의 경우에도 삼성은 현지의 특성을 고려하여 제품을 기획했다. 할리우드보다 많은 영화를 생산하는 발리우드(Bollywood, 인도의 영화산업) 덕에 많은 인도 사람들은 USB에 영화를 다운받아 보기를 좋아한다. 삼성은 이 점에 착안하여 'USB' 슬롯slot을 측면에 배치하여 사용이 간편하고 영화나 음악을 손쉽게 함께 볼 수 있도록 한 '조이joy TV'를 출시했다. 가성비에 민감한 인도 소비자의 성향을 고려하여 프리미엄 기능을 삭제하고 단순한 USB 플레이 기능만을 넣어 중저가 정책을 적용, 소니의 추적을 따돌리고 2017년에도 가장 사랑받는 브랜드로 자리매김하였다.

축구를 좋아하는 중남미에서 삼성은 '사커Soccer TV'를 출시했다. TV 시청 시 '사커 모드'로 전환하면 더욱 선명하게 보이는 잔디와 더욱 웅장하게 들리는 경기장의 소리를 즐길 수 있다. 또한 메모리에 짧은 장면을 녹화하여 다시보기를 가능하게 함으로써 축구를 즐기는 중남미 사람들의 마음을 사로잡았다.

결국 리테일은
현장이 답이다

영업 마케팅을 하는 사람의 소망은 당연히 자신이 담당하는 제품의 성공적인 판매다. 진입 장벽이 높은 시장 조건에 '소비 절벽'이라 불리는 요즘 상황에서 자신만의 역량을 발휘하여 남보다 뛰어난 성과를 얻을 수 있다면 더 이상 바랄 게 없을 것이다.

　필자는 직장생활을 하면서 '어떻게 하면 뛰어난 영업력을 발휘하여 좋은 성과를 얻을 수 있을까?'라는 생각을 한시도 놓은 적이 없다. 그러나 마케팅의 본질이 '사람의 마음을 변화시키는 것이 아니라 소비자의 마음속에 이미 존재하는 아이디어나 콘셉트를 자신에게 최대한 유리한 방향으로 이끄는 것'[43]이듯, 결국 영업력이라는 것은 로켓 사이언스(rocket science, 고차원의 기술)나 실버 불릿(silver bullet, 어떤 문제도 해결할 수 있는 궁극의 솔루션)이 아니라 영업활동이 벌어지는 현장인 매장을 어떻게 확보하고 관리하며 그곳을 찾아온 소중한 고객이 원하는 것을 충족시켜 매출로 연결시키는 힘이라는 당연한 결론에서 벗어날 수 없었다.

　우리는 지금까지 새로운 고객과 새로운 소비 트렌드를 직접 만날 수 있는 리테일 현장에서 어떻게 하면 성공적인 판매를 가능케 할 것인가를 다루는 리테일 임파워먼트에 대해 이야기했다. 우리가 가장 유의해야 하는 사실은 시장의 트렌드가 점진적인 변화에 머무르지 않을 뿐 아니라 때로는 파괴적인 혁신을 통해 전혀 다른 차원으로 이동한다는 것이다. 이 책이 읽힐 무렵이면 최신의 트렌드 중 일부는 보편적인 일상이 되어버리고, 일부는 잊힐 것이다. 변화를 만들고 이끌어가며 시장을 리드하는 브랜드와 변화에 적응하여 생존하는 브랜드, 시기를 놓쳐서 도태되고 사라지는 브랜드들로 시장의 지도는 매일 다시 그려지고 있다.

영업·마케팅의 주요 화두는 시대와 마케터에 따라 그때그때 바뀔 수 있겠으나 '매출을 올리기 위한 기획 활동'이라는 기본 명제는 바뀐 적이 없고 앞으로도 그러할 것이다. 리테일 임파워먼트는 매장에 마케팅, 기획, 인사, 영업의 역량을 투입하여 고객 감동을 실현시키기 위한 방법론임을 잊지 말아야 한다.

리테일 현장에서 시작되는 변화와 혁신이 기업의 프로세스 전반에 걸쳐 지속적인 영향을 행사할 수 있도록 하는 것도 우리의 중요한 역할이자 임무다. 많은 리더들은 예나 지금이나 현장의 목소리에 귀 기울여야 한다고 이야기해왔지만 대부분의 기업은 전략을 수립한 후 그 전략의 실행을 위한 수단 정도로만 현장을 활용하고 있다. 변화를 가장 실시간에 가깝게 감지할 수 있는 인프라를 구축하고, 리테일의 변화를 이해하고 해석할 수 있는 능력을 공유하며, 여기에서 얻어진 인사이트를 의사 결정에 반영할 수 있는 프로세스를 만드는 것 또한 리테일 마케터가 해야 할 업무다.

끝으로 성공하는 마케터가 되기 위해서는 지금 하고 있는 일이 올바른 방향으로 가고 있는지를 자기진단으로 끊임없이 확인하는 자세가 필요하다. 분위기에 휩쓸려 방향을 잃거나 시키는 일만 하게 되면 자신이 하는 일에 대한 흥미를 가질 수 없기 때문이다. 시장과 경쟁자가 기회를 보일 때 그것을 잡을 수 있는 준비를 항상 하기 바란다.

1 〈조선일보〉, 2017년 2월 6일.

2 한국동물약품협회, http://www.kahpa.or.kr/.

3 〈중앙일보〉, 2017년 3월 6일.

4 '홈쇼핑이 내 손 안에', 〈동아일보〉, 2016년 11월 28일.

5 《중소기업 빅데이터 활용 우수 사례집》, 미래창조과학부, 2017년 1월.

6 한경닷컴사전(http://dic.hankyung.com).

7 《시사상식사전》, 박문각.

8 《백화점의 탄생(デパートを發明した夫婦)》, 가시마 시게루[鹿島茂].

9 《디지털 마케팅 아이디어》, 박진한, 커뮤니케이션북스, 2015.

10 한경닷컴사전(http://dic.hankyung.com).

11 〈동아일보〉, 2016년 11월 28일.

12 《디지털 마케팅 아이디어》, 박진한, 커뮤니케이션북스, 2015.

13 한경닷컴사전(http://dic.hankyung.com).

14 《디지털 마케팅 아이디어》, 박진한, 커뮤니케이션북스, 2015.

15 http://www.cestrian.co.uk/our-work/dixons-retail-fabric-wall-display-tv-wall/ ConsumerJourneyMapping.

16 〈중앙일보〉, 2017년 2월 8일.

17 http://ecommerce-chatbots.com/macys-chatbot-facebook-messenger.

18 〈중앙일보〉, 2016년 12월 7일.

19 《디지털 마케팅 아이디어》, 박진환, 커뮤니케이션북스, 2015.

20 〈중앙일보〉, 2016년 7월 11일, 〈머니투데이〉, 2016년 11월 17일.

21 'ZARA: Fast Fashion', Harvard Business School, 2003년 4월 3일.

22 미국 시장조사전문업체 NPD(National Purchase Diary) 그룹, 2012년.

23 《좋아 보이는 것들의 비밀》, 이랑주, 인플루엔셜, 2016.

24 《패션전문자료사전》, 한국사전연구사, 1997.

25 두산백과.

26 《시사상식사전》, 박문각, http://terms.naver.com/list.nhn?cid=43667&categoryId=43667.

27 당시 애플 매장과 관련하여 〈블룸버그 비즈니스 위크(Bloomberg Businessweek)〉(2001년 5월)에 실린 글 중에는 이런 문장이 있었다. "애플의 문제는 치즈와 크래커만 있으면 충분할 자리에 굳이 캐비어를 내놔야 한다고 믿는 것이다."

28 《애플스토어를 경험하라(The Apple Experience)》, 카민 갤로(Carmin Gallo), 조은경 옮김, 두드림, 2013.

29 스티븐 코비(Stephen Covey), 김경섭 옮김, 김영사, 1994.

30 《인센티브와 무임승차(Les Strategies Absurdes)》, 마야 보발레(Maya Beauvallet), 권지현 옮김, 중앙북스, 2013.

31 《폭스바겐은 왜 고장 난 자동차를 광고했을까?(The Prisoner and the Penguin)》, 자일스 루리(Giles Lury), 이정민 옮김, 중앙북스, 2014.

32 《애플스토어를 경험하라》.

33 http://egloos.zum.com/pyrechim/v/3177796, http://www.mckinsey.com/business-functions/marketing-and-sales/our-insights/the-consumer-decision-journey.

34 《광고학개론》, 이명천·김요한, 커뮤니케이션북스, 2010.

35 힙스터 [Hipster], 두산백과.

36 《뉴노멀 시대의 마케팅》, 최순화, 세종서적, 2016.

37 《뉴노멀 시대의 마케팅》.

38 〈조선일보〉, 2017년 3월 13일.

39 〈주요 26개 온·오프라인 유통업체를 대상으로 한 산업통상자원부의 유통업체 매출 동향 분석〉, http://www.index.go.kr/potal/main/EachDtlPageDetail.do?idx_cd=1142.

40 《선택의 심리학(The Art Of Choosing)》, 쉬나 아이엔가(Sheena Iyengar), 오혜경 옮김, 21세기북스, 2012.

41 〈조선일보〉, 2016년 12월 17일.

42 〈중앙일보〉, 2016년 12월 20일.

43 《보텀업 마케팅(Bottom-up Marketing)》, 알 리스(Al Ries)·잭 트라우트(Jack Trout), 강제우 옮김, 다산북스, 2012.

KI신서 7028

리테일 마케팅 4.0

1판 1쇄 발행 2017년 6월 19일
1판 3쇄 발행 2017년 10월 31일

지은이 이문철·양정원
펴낸이 김영곤 **펴낸곳** (주)북이십일 21세기북스

정보개발본부장 정지은
정보개발1팀장 이남경 **책임편집** 김은찬
디자인 신중호
출판영업팀 이경희 이은혜 권오권
출판마케팅팀 김홍선 배상현 최성환 신혜진 김선영 나은경
홍보기획팀 이혜연 최수아 김미임 박혜림 문소라 전효은 백세희 김세영
제휴팀 류승은 **제작팀** 이영민

출판등록 2000년 5월 6일 제406-2003-061호
주소 (우 10881) 경기도 파주시 회동길 201(문발동)
대표전화 031-955-2100 **팩스** 031-955-2151 **이메일** book21@book21.co.kr

(주)북이십일 경계를 허무는 콘텐츠 리더

21세기북스 채널에서 도서 정보와 다양한 영상자료, 이벤트를 만나세요!
페이스북 facebook.com/21cbooks   **블로그** b.book21.com
인스타그램 instagram.com/21cbooks   **홈페이지** www.book21.com

서울대 가지 않아도 들을 수 있는 명강의! 〈서가명강〉
네이버 오디오클립, 팟빵, 팟캐스트에서 '서가명강'을 검색해보세요!

© 이문철·양정원, 2017
ISBN 978-89-509-7073-4 03320